Collins

Mission: français

Pupil Book 2

T0340471

Marie-Thérèse Bougard and Glennis Pye

Series Editor: Linzy Dickinson

William Collins's dream of knowledge for all began with the publication of his first book in 1819. A self-educated mill worker, he not only enriched millions of lives, but also founded a flourishing publishing house. Today, staying true to this spirit, Collins books are packed with inspiration, innovation and practical expertise. They place you at the centre of a world of possibility and give you exactly what you need to explore it.

Collins. Freedom to teach.

Published by Collins
An imprint of HarperCollins*Publishers*
The News Building
1 London Bridge Street
London
SE1 9GF

HarperCollins *Publishers*
Macken House
39/40 Mayor Street Upper
Dublin1
D01C9W8
Ireland

MIX
Paper
FSC™ C007454
www.fsc.org

Browse the complete Collins catalogue at
www.collins.co.uk

ISBN-13 978-0-00-751342-0

The authors assert their moral rights to be identified as the authors of this work.

British Library Cataloguing in Publication Data
A Catalogue record for this publication is available from the British Library.

Commissioned by Katie Sergeant
Series concept by Linzy Dickinson
Project managed by Elektra Media Ltd
Development edited by Ginny March
Copy-edited by Sarah Patey
Proofread by Leah Morin
Concept design by Elektra Media Ltd
Illustrations by Elektra Media Ltd
Typeset by Jouve India Private Limited
Cover design by Angela English

Printed and Bound in the UK by Ashord Colour Ltd

Acknowledgements
The publishers wish to thank the following for permission to adapt copyright material.

p 24–25 adapted from ADEME (www.ademe.fr), p 72 adapted from www.tokyoprevention.com

The publishers wish to thank the following for permission to reproduce photographs. Every effort has been made to trace copyright holders and to obtain their permission for the use of copyright materials. The publishers will gladly receive any information enabling them to rectify any error or omission at the first opportunity.

Key: t = top, c = centre, b = bottom, r = right, l = left.

Cover t Pecold/Shutterstock, cover cl Jacques PALUT/Shutterstock, cover cr Iuri/Shutterstock, cover b prochasson Frederic/Shutterstock, p 6t Sylvie Bouchard/Shutterstock, p 6bl Hayati Kayhan/Shutterstock, p 6bc Andresr/Shutterstock, p 6br arsenik/iStock, p 11tl Otokimus/Shutterstock, p 11tc Juriah Mosin/Shutterstock, p 11tr Vincent Besnault/Getty Images, p 11bl Elena Elisseeva/Shutterstock, p 11bc Kkulikov/Shutterstock, p 11br Vélorail de Saintonge 17, p 19tl Pressmaster/Shutterstock, p 19tcl Poznyakov/Shutterstock, p 19tcr AVAVA/Shutterstock, p 19tr John Panella/Shutterstock, p 19bl dotshock/Shutterstock, p 19bcl Nikifor Todorov/Shutterstock, p 19bcr Janine Wiedel Photolibrary/Alamy, p 19br Joel Blit/Shutterstock, p 30t Michael Mattox/Shutterstock, p 30cl Alila Medical Media/Shutterstock, p 30cr tisskananat/Shutterstock, p 30bl Pierre-Jean Durieu/Shutterstock, p 30br Thierry Maffeis/Shutterstock, p 32tl HLPhoto/Shutterstock, p 32bl Yellowj/Shutterstock, p 32tc Lilyana Vynogradova/Shutterstock, p 32bc Lilyana Vynogradova/Shutterstock, p 32tr margouillat photo/Shutterstock, p 32br WM_idea/Shutterstock, p 34tl Matthias Hoffmann/Getty Images, p 34bl Hemis/Alamy, p 34tr Muriel de Seze/Getty Images, p 34cr Aksenya/Shutterstock, p 34br B. and E. Dudzinscy/Shutterstock, p 36 Jupiterimages/Getty Images, p 40l Foodpictures/Shutterstock, p 40cl Neil Farrin/Getty Images, p 40c Foodpictures/Shutterstock, p 40cr Foodio/Shutterstock, p 40r JOAT/Shutterstock, p 47tl sgm/Shutterstock, p 47tr Ekaterina Glazova/Shutterstock, p 47bl Sergio Stakhnyk/Shutterstock, p 47br VikaRayu/Shutterstock, p 54l DaniÃ¨le Schneider/Getty Images, p 54c Pack-Shot/Shutterstock, p 54r PHB.cz (Richard Semik)/Shutterstock, p 57l De Agostini Picture Library/Shutterstock, p 57r CORBIS, p 60l B747/Shutterstock, p 60cl Photononstop/SuperStock, p 60cr schankz/Shutterstock, p 60r haveseen/Shutterstock, p 61tl HUANG Zheng/Shutterstock, p 61tcl John Bill/Shutterstock, p 61tcr img85h/Shutterstock, p 61bl Zocchi Roberto/Shutterstock, p 62ll Vereshchagin Dmitry/Shutterstock, p 62l Prometheus72/Shutterstock, p 62cl Minerva Studio/Shutterstock, p 62cr Daniel J. Rao/Shutterstock, p 62r Mary Plage/Getty Images, p 62rr De Agostini Picture Library/Getty Images, p 64tl Roberto Cerruti/Shutterstock, p 64tc Triff/Shutterstock, p 64tr John James/Shutterstock, p 64bl stefanolunardi/Shutterstock, p 64bc KK Art and Photography/Shutterstock, p 64br E. Spek/Shutterstock, p 67l Time Life Pictures/Getty Images, p 67cl Gamma-Keystone via Getty Images, p 67cr SuperStock/SuperStock, p 67r Gamma-Keystone via Getty Images, p 77l Claudio Giovanni Colombo/Shutterstock, p 77c William Perugini/Shutterstock, p 77r Rostislav Glinsky/Shutterstock, p 78t technotr/Getty Images, p 78cl Wolfgang Amri/Shutterstock, p 78cr crbellette/Shutterstock, p 78bl Pegaz/Shutterstock, p 78br Vladimir Nikulin/Shutterstock, p 82 Pablo Hidalgo/Shutterstock, p 84l photogerson/Shutterstock, p 84cl Photobac/Shutterstock, p 84cr Maxisport/Shutterstock, p 84r Jeannette Meier Kamer/Shutterstock, p 86 AFP/Stringer/Getty Images, p 88 Robert Hallam/BPI/Corbis, p 89 Getty Images for B&Q, p 90tl photogerson/Shutterstock, p 90tc Saracino/iStock, p 90tr Tammy616/iStock, p 90bl Vitaly Titov & Maria Sidelnikova/Shutterstock, p 90br Pack-Shot/Shutterstock, p 94 Maxisport/Shutterstock, p 95 Getty Images, p 96 dotshock/Shutterstock, p 102t Jock Fistick/Bloomberg via Getty Images, p 102bl Danita Delimont/Getty Images, p 102br OT Sancy/Jean-François Karst, p 103l Time & Life Pictures/Getty Images, p 103cl Getty Images, p 103c Roger Viollet/Getty Images, p 103cr Hulton-Deutsch Collection/CORBIS, p 103r Mondadori via Getty Images, p 104l Charly Herscovici, with his kind authorization – c/o SABAM-ADAGP, 2012/ADAGP, Paris and DACS, London 2013, p 104c De Agostini/Getty Images, p 104r De Agostini/Getty Images, p 105 Musée Magritte Museum, p 106l JOHN MACDOUGALL/AFP/Getty Images, p 106c OT Sancy/Bernard Pauty, p 106r PjrTravel/Alamy, p 107l OT Sancy/RiotHouse Production, p 107r Duffie/Alamy, p 108 Universal History Archive/Getty Images, p 110 Featureflash/Shutterstock, p 111t Gamma-Keystone via Getty Images, p 111b Pictorial Parade/Archive Photos/Getty Images, p 113 2012 EUROPACORP – DURAN – FRANCE 3 CINEMA, p 115l sigurcamp/Shutterstock, p 115c Loskutnikov/Shutterstock, p 115r Régine Datin/Nancy Tourisme, p 118 Featureflash/Shutterstock, p 119 Featureflash/Shutterstock, p 121 Le Pacte, p 125t Cultura/Emma Kim/Getty Images, p 125cl Sergey Mironov/Shutterstock, p 125cr djgis/Shutterstock.

Tableau des contenus

Exercise Key

 reading   writing   listening   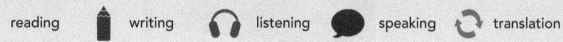 speaking   translation

La fin des vacances

Découverte du monde:

Where do you usually go during the summer holidays? Do you go abroad or not? A large number of French families spend their summer holidays in France. The different regions of France offer different kinds of holidays – you can holiday at the beach, in the mountains, in the countryside, or in the city.

Some main roads in France (especially those going from the north to the south) become extremely busy during the first and last few days of the summer holidays and there are often extremely long traffic jams. You can even check on the Internet which days to avoid using certain roads!

Le savais-tu?

In most schools in France the pupils do not have to wear school uniform. They go to school in their own clothes and tend to dress quite casually. Do you think this is a good idea?

a Qu'est-ce qu'ils ont fait pendant les vacances? Pour chaque activité écris *P* (probable) ou *PP* (peu probable).

What did the characters do during the summer holidays? For each activity write P (likely) or PP (not likely).

1 Ils sont restés en France.　　*P*   2 Ils ont fait beaucoup de devoirs.

3 Ils ont mangé des glaces.   4 Ils sont allés à l'étranger.

5 Ils sont allés au collège.   6 Ils ont joué sur la plage.

7 Ils ont visité des monuments.   8 Ils ont acheté un uniforme scolaire.

9 Ils ont fait du vélo.   10 Ils ont acheté du matériel scolaire.

b Regarde et écoute la vidéo pour vérifier tes réponses.

Watch and listen to the video to check your answers.

Collège

des stylos

À ton avis, qu'est-ce qu'ils achètent? Utilise le dictionnaire et écris une liste.

What do you think they buy? Use a dictionary and write a shopping list.

Module 1: Ta mission...

- Talk about going back to school after the holidays
- Use the infinitive of a verb in different ways
- Use adverbs to talk about a sequence of events
- Use the perfect tense to talk about what I did during the holidays
- Express my opinion and compare ideas
- Say what I want to do
- Use the verb *pouvoir* to talk about what I can do

- Use the imperative to tell someone what to do
- Discuss where to go
- Make arrangements to meet
- Talk about the different parts of a school building
- Ask for directions and tell someone where something is

Objectifs
- Talk about going back to school after the holidays
- Use the infinitive of a verb in different ways

Langue et grammaire

The infinitive

The infinitive of a verb is the form it has when you look it up in a dictionary, before you change it. For example: *aller* (to go), *avoir* (to have) and *apprendre* (to learn). Here are some of the ways it is used.

Saying what you want to do

Remember that to say what you want or don't want to do, you can use the verb *vouloir* followed by another verb in the infinitive form:

Je veux aller au parc.   I want to go to the park.
Je ne veux pas faire   I don't want to do my
   mes devoirs.   homework.

The near future

Remember: to talk about what you are going to do in the near future you can use the verb *aller* followed by an infinitive:

Demain je vais retrouver   Tomorrow I'm going to
   mes copains.   see my friends again.
Samedi nous allons   On Saturday, we're going
   visiter le musée.   to visit the museum.

Giving instructions

You can use the infinitive when writing instructions. For example:
Ne pas manger.   Do not eat.

Lis les phrases et écoute. Vrai ou faux?

a Félix and Lucas say 'hi' to each other. *Vrai*

b Félix says he is really well.

c Lucas says he's really well too.

d It's August.

e Félix is happy about going back to school.

f Lucas's cousin in Montreal has already gone back to school.

Écoute encore. Qui dit ces phrases, Lucas ou Félix?

1 Qu'est-ce qu'il y a?

2 C'est la fin des vacances.

3 Je ne veux pas aller au collège.

4 Nous allons retrouver les copains.

5 Je veux aller au collège.

6 La rentrée là-bas, c'est au mois d'août.

7 La rentrée, c'est au mois de février!

8 L'été en Nouvelle-Calédonie c'est en décembre et en janvier!

Vocabulaire

la rentrée	back-to-school
retrouver	to see again
se préparer	to get ready
éviter	to avoid
suivre	to follow
travailler	to work
le mode d'emploi	directions for use
la date limite	deadline
le cartable	school bag
le lendemain	the next day
le club extrascolaire	after-school club
le matériel scolaire	school equipment
la récré(ation)	break
les conseils	advice
le goûter	snack
bien avant	well before
de l'autre côté	on the other side
Qu'est-ce qu'il y a?	What's wrong?
logique	logical
chouette	great

3 a Lis la conversation et remplis les blancs.

b Écoute et vérifie tes réponses.

> Salut, Justine! Ça va?
>
> Salut, Abdou. Moi, ça va mal. Et 1_____?
>
> 2_____, ça va bien, merci. Mais pourquoi tu n'es pas contente – qu'est-ce qu'il y a?
>
> Oh, c'est la fin des vacances et je ne veux pas 3_____ au collège. Nous allons beaucoup 4_____ et nous allons 5_____ beaucoup de devoirs.
>
> Moi, je veux 6_____ au collège. Nous allons beaucoup 7_____ et pendant la récré nous allons 8_____ avec les copains.

> aller
> travailler
> jouer
> toi
> apprendre
> aller
> faire
> Moi

4

Est-ce que ces conseils sont à éviter (E) ou à suivre (S)?

Are these pieces of advice to be avoided (E) or followed (S)?

La rentrée – mode d'emploi

Tu ne veux pas aller au collège pour la rentrée? Le collège n'est pas toujours ton truc? Voici quelques conseils pour t'aider.

1	2	3	4
te coucher à 23h	le soir, préparer ton cartable pour le lendemain	le matin, ne pas prendre un bon petit-déjeuner	ne pas participer en classe

5	6	7	8
l'après-midi, prendre un bon goûter quand tu rentres à la maison	ne pas faire tes devoirs avant la date limite	demander au professeur quand tu ne comprends pas	participer à un club extrascolaire

Voie express

The important thing about this topic is that it gives you the opportunity to review some of the language you have already studied but in a different context. You might have had a break from French for a while and so it's important that you reactivate your knowledge. Make sure you understand what the infinitive of a verb is and how you can use it with the verb *aller* to talk about the near future, with *vouloir* to say what you want to do and also as a way of giving instructions.

5

Change les conseils à *éviter* en conseils à *suivre*. Écris des conseils, toi aussi.

Change the advice to be avoided into advice to be followed. Add some of your own.

6

Associe les images et les mots.

Match the pictures and the words.

a te lever   b tes copains   c tes vêtements   d ton matériel scolaire

7

À deux. A choisit une image, B propose des conseils à suivre. ⭐

In pairs, A chooses a picture, B gives some advice to follow.

1 Topic 2 Et alors, les vacances?

Objectifs
- Use adverbs to talk about a sequence of events
- Use the perfect tense to talk about what I did during the holidays

Langue et grammaire

Describing a sequence of events

Some adverbs help to describe the order you did things in. They're easy to use and will make your French seem more fluent. Three very useful adverbs are:

d'abord	first
ensuite	then
après	after

The perfect tense – a reminder

Use the perfect tense to talk about something you did in the past. To form the perfect tense, for most verbs you use the present tense of the verb *avoir* and the past participle.

For a small number of verbs, you use *être* instead:

J'ai joué avec mes copains.	I played with my friends.
Nous avons joué au foot.	We played football.
Je suis allé(e) en Italie.	I went to Italy.
Elle est allée en Espagne.	She went to Spain.

Using *c'est* and *c'était*

You can use *c'est* with an adjective to describe an experience:

Je n'aime pas aller au bord de la mer – c'est nul!
I don't like going to the seaside – it's rubbish!

With a determiner (*le, la, un, une, mon, ma*, etc.), you can use it to point out a specific person or thing:

C'est une péniche.	It's a barge.
C'est mon oncle.	That's my uncle.

To say what an experience was like, use *c'était*:

Hier j'ai joué au foot – c'était génial!
Yesterday I played football – it was great!

 Écoute. Qui est resté en France et qui est allé à l'étranger? Où sont-ils allés? (1–6)
Listen. Who stayed in France and who went abroad? Where did they go?

Exemple   1 Justine, France, la Bretagne

Lucas   Maeva   Sophie   Félix   Thomas   Manon

Vocabulaire

la Bretagne	Brittany
l'Ardèche (f)	Ardèche
le Pays basque	Basque country
la Normandie	Normandy
la Dordogne	the Dordogne
la Provence	Provence
le Portugal	Portugal
l'Espagne (f)	Spain
l'Italie (f)	Italy
la Grèce	Greece
les États-Unis	the United States
à l'étranger	abroad
en vacances	on holiday
la mer	the sea
reposant(e)	relaxing
le parc aquatique	water park
le vélo-rail	rail-biking
la péniche	barge

 Choisis 'en', 'au' ou 'aux' pour chaque pays ou région et écris les mots dans la bonne colonne.
Choose en, au *or* aux *for each country or region and write the words in the correct column.*

la Provence	la Normandie	la Dordogne	le Pays basque
l'Angleterre	l'Italie	l'Espagne	le Maroc
la Bretagne	les États-Unis	le Portugal	le Canada

Pays	Région
au Maroc	

3 À deux, regardez vos réponses à l'exercice 1. A pose des questions. B joue un des personnages.

Exemple

A Tu as passé les vacances ici en France ou à l'étranger, Lucas/Justine?

B J'ai passé les vacances ___.

A Tu es allé(e) où?

B Je suis allé(e) ___.

Voie express

It's important that you know how to form the perfect tense, including when to use *avoir* and when to use *être*. You need to know how to form the past participle and whether or not to change its ending. It's also important that you know when to use this tense. Show how well you can do this in exercise 7.

4 Lis le blog de Justine et mets les images dans le bon ordre.

5 Relis le texte de l'exercice 4. Trouve le français pour ces phrases.

a it was a lot of fun   **b** it was funny   **c** it was relaxing   **d** it was a little boring

e we ate   **f** we visited   **g** we went   **h** we did

6 Regarde l'image de Dan et remplis les blancs.

fait	nagé	France	suis	j'ai
c'était	joué	Rhône-Alpes		passé

Salut! Je m'appelle Dan. J'habite en Angleterre. Cet été je **1** ___ allé en vacances à l'étranger – en **2** ___. Je suis allé à Valence en **3** ___ avec ma famille. D'abord, nous avons **4** ___ une semaine chez ma grand-mère – c'était super parce qu'elle est très gentille. Ensuite, nous avons **5** ___ du vélo – ça **6** ___ vraiment génial! Après nous avons **7** ___ au tennis – c'était bien mais **8** ___ perdu. Nous avons beaucoup **9** ___ dans la piscine aussi. J'adore les vacances en France.

7 Dessine des lunettes pour toi et décris tes vacances.
Draw your own pair of glasses and write about your holidays.

Objectifs
- Express my opinion and compare ideas
- Say what I want to do

Langue et grammaire

Expressing opinions

There are many ways of expressing your opinion. Do you remember these?

Je pense que...	I think that...
Je trouve que...	I find that...
À mon avis...	In my opinion...

When you're saying what you think about something it's useful to be able to explain why. You can do this by using intensifiers like *très*, *un peu* or *trop*.

Elle est un peu timide.	She is a little shy.
Quelquefois il est trop impatient.	Sometimes he is too impatient.

You can also use *plus ... que* and *moins ... que* to compare things. Look at these examples:

Sophie est plus raisonnable que Lucas.	Sophie is more sensible than Lucas.
Abdou est moins bavard que Justine.	Abdou is less chatty than Justine.

Pronunciation

Remember that if you see é in a word, it must be pronounced even if it comes before another vowel. For example, the *éa* in *idéaliste* is heard as two separate vowels.

Lis et choisis les trois bonnes images pour Manon et pour Thomas.

Read and choose the three correct images for Manon and for Thomas.

Élection
délégué de classe

Si tu veux...

- utiliser plus de technologie en cours (tablette, iPad, etc.)
- avoir une déléguée de classe qui écoute tout le monde
- faire un voyage scolaire en Angleterre

VOTE POUR MOI!

Élection – délégué de classe
Si tu veux...

- avoir des vacances plus longues
- manger une glace à la récré tous les jours
- faire moins de devoirs

VOTE POUR MOI!

Vocabulaire

voter	to vote
utiliser	to use
le/la délégué(e) de classe	class rep(resentative)
les cours	lessons
le voyage de classe	school trip
l'idée (f)	idea
l'élection (f)	election
la glace	ice cream
la technologie	technology
tout le monde	everyone
réaliste	realistic
sérieux(–euse)	serious
juste	fair
fiable	reliable
idéaliste	idealistic
bête	silly, stupid
si	if

a

b

c

d

e

f
DEVOIRS

lundi	X
mardi	anglais
mercredi	X
jeudi	X
vendredi	X

a Écoute et note les numéros des adjectifs que tu entends.

Listen and note the numbers of the adjectives you hear.

1 sérieuse	**2** nuls		**3** fiable		**4** juste		
5 drôle	**6** amusantes		**7** réalistes		**8** bête		
9 chouettes	**10** raisonnable	**11** idéalistes		**12** paresseux			

b Écoute à nouveau et complète le tableau.

	va voter pour	opinion de la personne	opinion des idées	veut
Lucas	Thomas		supers	
Abdou				avoir délégué(e) qui écoute tout le monde
Maeva		raisonnable		

Voie express

In this topic, you get a chance to say what you want to do and explain your views. Make sure you know how to compare things so that you can justify your choices. After checking that you understand any new vocabulary, create two more election posters for different characters and then write about which one you are going to vote for and explain why.

a À deux, imaginez que vous êtes dans la classe de Manon et Thomas.

In pairs, imagine that you are in Manon and Thomas's class.

A Tu vas voter pour qui?
B Moi, je vais voter pour ___.
A Ah bon, pourquoi?
B Parce que, moi, je pense que ___ est ___.
A Et qu'est-ce que tu penses de ses idées?
B À mon avis, ses idées sont ___.

b Fais un sondage. Qui va gagner l'élection?

Do a survey. Who is going to win the election?

A Tu vas voter pour qui?
B Moi, je vais voter pour ___.

Manon	Thomas
ⅢⅢ ⅢⅠ	ⅢⅠ

Associe les phrases françaises avec les phrases anglaises. Remplis les blancs avec les mots pour compléter les traductions.

Match the French and English sentences and fill the gaps to complete the translations.

plus　moins　trop　que　très　　　raisonnables　fiable　réalistes　sérieuse　paresseux　juste

1 À mon avis, Lucas est ___ ___.

2 Je pense que Abdou est ___ ___ que Félix.

3 Je trouve que Manon est ___ ___ ___ Maeva.

4 À mon avis, les idées de Thomas sont ___ ___.

5 Je pense que les idées de Maeva sont ___ ___.

6 Je trouve que Sophie est ___ ___.

a I find that Manon is less serious than Maeva.

b In my opinion, Thomas's ideas are less realistic.

c In my opinion, Lucas is too lazy.

d I think that Abdou is more reliable than Félix.

e I find that Sophie is very fair.

f I think that Maeva's ideas are more sensible.

Chaque personne écrit un poster avec ses idées. Tout le monde présente ses idées à la classe et puis on vote pour un délégué.

Each person writes a poster with their ideas. Everyone presents their ideas to the class and then votes for a class rep.

Objectifs
- Use the verb *pouvoir* to talk about what I can do
- Use the imperative to tell someone what to do

Langue et grammaire

Saying what you can do
The verb *pouvoir* means 'to be able'. To talk about what you can do, use the *on* form of this verb:

On peut parler avec des copains.	You can talk to friends.
On peut jouer en ligne.	You can play online.

The imperative
You use the imperative form of a verb to tell someone what to do. If you are speaking to more than one person, use the *vous* form of the verb, but without the word *vous*:

Écoutez, tout le monde.	Listen everyone.
Pensez à notre planète.	Think of our planet.
Ne parlez pas.	Don't speak.

Note that some verbs, like the verb *être*, have irregular imperative forms:

Soyez gentils!	Be kind!
Ne soyez pas impatients.	Don't be impatient.

Giving advice
The phrase *Il est important de...* means 'It is important to...'. You can follow this phrase with any verb in its infinitive form:

Il est important de considérer l'effet.	It is important to consider the effect.

Pronunciation
Notice how the letters *–ion* at the end of a word are pronounced slightly differently in French. For example, compare the English word 'connection' with the French *connexion*.

1 Écoute Abdou, Hugo, Marie et Véronique. Qui pense que les différentes méthodes de communication sont...?

Listen. Who thinks each communication method is...?

a cool **b** important **c** practical **d** very interesting

2 a Lis les bulles. Traduis les mots anglais.

1 send	**2** read	**3** learn	**4** have
5 find	**6** chat	**7** stay	**8** share

> Avec un portable, on peut envoyer un texto pour contacter ses copains très rapidement.

> On peut lire des blogs, par exemple de ma cousine, Emma, qui habite en Martinique, et qui écrit un blog de temps en temps. On peut apprendre beaucoup de choses.

> Au cybercafé on peut avoir accès Internet, on peut trouver des informations et on peut chatter.

> Ma sœur, Christine, qui habite en France, et moi, on est connectés sur Facebook. Comme ça, on peut rester en contact et on peut partager des photos et des nouvelles.

b Parlez à deux. A choisit un verbe (1–8) et demande 'Qu'est-ce qu'on peut...?' B lit le texte et répond.

A Qu'est-ce qu'on peut envoyer? **B** On peut envoyer...

Vocabulaire

le texto	text message
les nouvelles	news
l'émission (f)	TV programme
la connexion	connection
l'accès Internet (m)	internet access
contacter	to contact
chatter	to chat online
exprimer	to express
rester en contact	to stay in touch
participer à	to participate in
poster	to post online
faire attention	to pay attention
réfléchir	to reflect
rapidement	quickly
facilement	easily
sûr	safe

3 Mets les mots dans le bon ordre et associe les images avec les phrases.

Put the words in the correct order and match the pictures with the sentences.

1 peut lire on livres des

2 exprimer peut une opinion on

3 on participer peut émission à une

4 en on parler ligne peut

5 peut on des prendre photos

Voie express

In this topic your reading skills are really put to the test. There's a lot of new vocabulary but you'll notice that there are a lot of cognates (words that look the same). Why do you think that is? You should be confident about using the verb *pouvoir* to say what you can do with different methods of communication and you should understand how to tell someone what they should do.

a    b   c   d    e

 4 Complète les trois phrases et puis écris d'autres phrases.

Complete the three sentences and then write some more sentences.

a Avec un portable on peut…   b Avec Facebook on peut…   c Avec Twitter on peut…

 5 Lis et réponds aux questions en anglais.

a What should you do before sending a message and why?

b What should you do when you are posting photos on the internet?

c What should you do when looking up information on the internet?

d How should you behave towards other people on the internet?

e What should you do if there's a problem?

f Should you be on the internet all the time? Why?

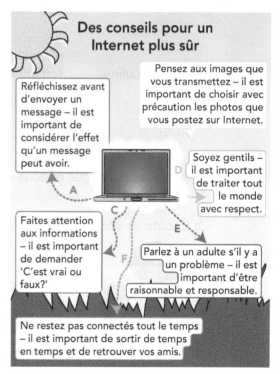

Des conseils pour un Internet plus sûr

Réfléchissez avant d'envoyer un message – il est important de considérer l'effet qu'un message peut avoir.

Pensez aux images que vous transmettez – il est important de choisir avec précaution les photos que vous postez sur Internet.

Soyez gentils – il est important de traiter tout le monde avec respect.

Faites attention aux informations – il est important de demander 'C'est vrai ou faux?'

Parlez à un adulte s'il y a un problème – il est important d'être raisonnable et responsable.

Ne restez pas connectés tout le temps – il est important de sortir de temps en temps et de retrouver vos amis.

 6 Choisis un conseil A–F pour chaque personne.

Choose a piece of advice A–F for each person.

1 Je fais un projet au collège sur les célébrités et je lis des articles sur Internet.

2 Tous les soirs je joue en ligne. Je sors rarement.

3 Ma copine est triste parce que son amie a fait des remarques pas très gentilles sur Facebook.

4 La fête hier soir – c'était super! Je vais poster toutes mes photos!

5 Regarde ce message – je ne suis pas contente! Je pense que ce n'est pas gentil!

Objectifs
- Discuss where to go
- Make arrangements to meet

Langue et grammaire

Suggesting where to go

To suggest going somewhere, you can use the expression *Si on allait…?* This is like saying 'What about going to…?' Look at these examples:
Si on allait à la plage? What about going to the beach?
Si on allait au cinéma? What about going to the cinema?

Saying 'no' to a suggestion

To say 'no' to a suggestion because you have to do something else, use the verb *devoir* (to have to) followed by the infinitive of another verb:
Je dois rendre visite   I have to visit my cousins.
  à mes cousins.

To reject a suggestion because you'd prefer something else, use the verb *préférer* followed by a noun or the infinitive of another verb:
Je préfère la musique classique.
Je préfère aller au cinéma.

Arranging where to meet

Use the following phrases to describe where to meet people. Remember to change *de* depending on whether the place you are talking about is masculine or feminine:
à côté de la piscine   next to the swimming pool
près du cinéma   near the cinema

---

1 Trouve les huit mots cachés pour les endroits. Écris-les dans la bonne colonne.
Find the eight hidden words for places. Write them in the correct column.

piscinecafébibliothèqueparccinémacentrevillepatinoireskateparc

masculine	feminine
	piscine

Vocabulaire

le café	the café
le centre-ville	the town centre
à côté de	next to
en face de	opposite
près de	near
rendre visite à	to visit (a person)
J'en ai marre!	I'm fed up!

2 a Regarde les images et écris une bulle pour chaque personne. Commence par *Si on allait…*
Look at the pictures and write a speech bubble for each person starting with Si on allait…

b Écoute et vérifie tes réponses.

Sophie

Lucas

Abdou

Manon

Félix

Thomas

Maeva

Justine

3 À deux, regardez les images de l'exercice 2 et discutez.
In pairs, look at the pictures in exercise 2 and discuss.

Exemple

A Qu'est-ce tu penses, Félix?

B Si on allait...

 4 Lis la discussion et décide qui...
Read the discussion and decide who...

a suggests meeting opposite the supermarket.

b has to do their homework before going to the pool.

c prefers to meet near the swimming pool.

d prefers to meet one hour later than suggested.

e can't go because they have to visit their grandparents.

f prefers Thursday because they have to go to the dentist on Friday.

g also prefers Thursday.

h thinks meeting next to the café is easier.

 5 Trouve le français pour ces phrases dans le dialogue.
Find the French for these phrases in the dialogue.

a opposite the supermarket

b near the swimming pool

c next to the café

d I can't go

e I prefer

f I have to visit

g I have to do

h I have to go

 6 **a** Écris les réponses de Lucas, Justine et Félix. ⭐

	Manon	Lucas	Justine	Félix
Je dois...	devoirs	supermarché	concert	ma tante
Rendez-vous préféré	samedi, 11h, près de l'église	mardi près de la bibliothèque	lundi, 16h, en face de la piscine	dimanche, 10h, à côté du cinéma

b Écris une réponse pour toi et pour une autre personne.
Write a reply for yourself and for another person.

7 En groupes de trois ou quatre faites des projets pour sortir.
In groups of three or four, write and perform a sketch in which you and some friends make arrangements to go out.

Voie express

As well as understanding how to use *devoir* and *préférer* with the infinitive, it's important that you know when to make changes depending on whether a word is masculine or feminine. This is essential if you want your French to be accurate. When you're confident about these things, write a short sketch about a group of friends who are deciding where to go.

 Sophie
Bon, on a décidé! Vendredi nous allons à la piscine. Rendez-vous en face du supermarché à 17h30. D'accord?

 Abdou
Ah non, vendredi, je ne peux pas aller à la piscine. Je dois rendre visite à mes grand-parents. Je préfère jeudi, moi.

 Manon
Vendredi, ça va, mais je dois faire mes devoirs avant, alors moi, je préfère un rendez-vous à 18h30.

 Maeva
Je dois aller chez le dentiste vendredi. Moi, je préfère jeudi. Et, à mon avis, un rendez-vous à côté du café est plus facile.

 Thomas
C'est où le supermarché? Moi, je préfère un rendez-vous près de la piscine.

Topic 6 Bienvenue à notre collège

Objectifs
- Talk about the different parts of a school building
- Ask for directions and tell someone where something is

Langue et grammaire

Ordinal numbers

Ordinal numbers are used to talk about order and position, for example 'first' and 'second'. In French, there is both a masculine and a feminine form of the word for 'first'. The other ordinal numbers don't change. Use *au* to say 'on' a floor.

au premier étage	on the first floor
la première fois	the first time
au deuxième étage	on the second floor
la deuxième fois	the second time
au troisième étage	on the third floor
la troisième fois	the third time

Using the imperative

As you know, the imperative is used to tell someone what to do. When you are speaking directly to a person you know well, use the *tu* form of the present tense of a verb, without the *tu*. For –*er* verbs you also take the letter *s* off the end. For example:

Monte au premier étage.   Go up to the first floor.

Using *il* and *elle*

Il and *elle* are *pronouns*. They are used in place of a noun. Use *il* and *elle* (and not *c'est*) when the person reading or listening already knows which particular noun (person or thing) they are being used in place of: *il* for a masculine noun, and *elle* for a feminine noun.
Tu cherches le théâtre? Il est à côté du cinéma.
Are you looking for the theatre? It's next to the cinema.
Où est la salle d'histoire? Elle est au premier étage.
Where is the history classroom? It's on the second floor.

Écoute la conversation entre Maeva et son petit frère. Vrai ou faux?

Listen to the conversation between Maeva and her little brother. True or false?

1 Maeva's brother is called Kimi.

2 Maeva's brother is hungry.

3 Maeva's brother prefers to stay in primary school.

4 Maeva says his teachers are going to secondary school too.

5 Maeva thinks she might get lost as the school is so big.

6 Maeva tells her brother not to worry.

Voie express

Once you've mastered asking for and giving directions to the different parts of a school building, design your own plan of a school and then write, practise and perform a short sketch about visitors asking their way to different parts of your school.

Vocabulaire

la salle des profs	staff room
le CDI	school library
la cantine	canteen
les toilettes	toilets
le gymnase	gym
la cour	playground
la salle de classe	classroom
le couloir	corridor
les laboratoires	science labs
le rez-de-chaussée	the ground floor
deuxième	second
troisième	third
au bout de	at the end of
monter	to go up
descendre	to go down
l'étage (m)	a floor
se perdre	to get lost
Ne t'inquiète pas.	Don't worry.

2 Écoute Maeva et regarde les images. Écris les lettres a–h dans le bon ordre.
Écoute une deuxième fois. Note les étage(s) pour chaque image.

Listen to Maeva and look at the pictures. Write the letters a–h in the correct order.
Listen a second time. Note the floor(s) for each place.

a   b   c    d

e   f   g   h

3 À deux, regardez les plans. A parle du collège 1 et B parle du collège 2.

In pairs, look at these floorplans. A talks about school 1 and B about school 2.

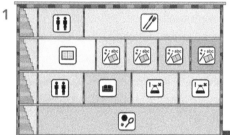

4 Regarde les exemples. À deux, faites des dialogues pour les autres salles du collège.

Look at the examples. In pairs, work out dialogues for the other classrooms.

Où est la salle d'histoire?

Monte au premier étage.
Prends le couloir et c'est la
première porte à droite.

Tu peux m'aider s'il te plaît? Où sont
les toilettes?

Descends au rez-de-chaussée.
Prends le couloir et c'est la
première porte à gauche.

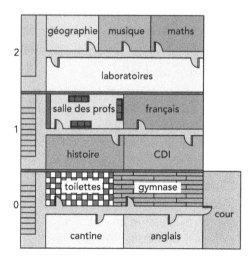

5 Traduis ces mots en anglais, puis dessine le plan d'un collège comme celui de l'exercice 4.
Choisis quatre endroits. Explique comment les trouver à partir de la cour.

Translate these words into English, then draw the plan of a school like the one in exercise 4.
Choose four places. Tell your friend how to get to them from the playground.

1 le bureau du principal   2 l'administration   3 la salle d'informatique

4 l'atelier de technologie   5 le terrain de sport   6 le bureau du gardien

Langue et grammaire

The infinitive

The infinitive of a verb is the form it has when you look it up in a dictionary, before you change it. For example: *aller* (to go), *avoir* (to have) and apprendre (to learn).

The near future

To talk about what you are going to do in the near future use the verb *aller* followed by an infinitive:

Demain je vais retrouver mes copains. Tomorrow I'm going to see my friends again.

The perfect tense

Use the perfect tense to talk about something you did in the past. To form the perfect tense, for most verbs you use the present tense of the verb *avoir* and the past participle.

For a small number of verbs, you use *être* instead:

J'ai joué avec mes copains. I played with my friends.
Elle est allée en Espagne. She went to Spain.

Using *c'est* and *c'était*

Use *c'est* with an adjective for an experience:

Je n'aime pas aller au bord de la mer – c'est nul!
I don't like going to the seaside – it's rubbish!

Also use it to point out a specific person / thing:

C'est mon oncle. That's my uncle.

To say what an experience was like, use *c'était*:

Hier j'ai joué au foot – c'était génial! Yesterday I played football – it was great!

Using *il* and *elle*

Il and *elle* are *pronouns* used in place of a noun. They are used instead of *c'est* when it is clear which noun they are replacing.

Tu cherches le théâtre? Il est à côté du cinéma.
Are you looking for the theatre? It's next to the cinema.

Justifying opinions

You can use intensifiers like très, un peu or trop when expressing an opinion.

Elle est un peu timide. She is a little shy.

You can also use *plus ... que* and *moins ... que* to compare things:

Sophie est plus raisonnable que Lucas. Sophie is more sensible than Lucas.

Vouloir and *pouvoir*

To say what you want or don't want to do use the verb *vouloir* followed by verb in the infinitive form:

Je veux aller au parc. I want to go to the park.

The verb *pouvoir* means 'to be able'. To talk about what you can do, use the *on* form of this verb:

On peut jouer en ligne. You can play online.

The imperative

You use the imperative form of a verb to tell someone what to do. If you are speaking to more than one person, use the *vous* form of the verb, but without the word *vous*:

Pensez à notre planète. Think of our planet.

Note that some verbs, like the verb *être*, have irregular imperative forms:

Soyez gentils! Be kind!

When you are speaking directly to a person you know well, use the *tu* form of the present tense of a verb, without the *tu*. For –er verbs you also take the letter *s* off the end:

Monte au premier étage. Go up to the first floor.

Giving advice

The phrase *Il est important de...* means 'It is important to...'. You can follow this phrase with any verb in its infinitive form:

Il est important de considérer l'effet. It is important to consider the effect.

Making arrangements

To suggest going somewhere, use the expression *Si on allait...?* This is like saying 'What about going to...?'

Si on allait à la plage? What about going to the beach?

To explain why you can't use the verb *devoir* (to have to) followed by the infinitive of another verb.

To reject a suggestion because you'd prefer something else, use the verb *préférer* followed by a noun or the infinitive of another verb:

Je préfère aller au cinéma. I'd prefer to go to the cinema.

Ordinal numbers

Ordinal numbers are used to talk about order and position, for example 'first' and 'second'. The only one that has a different feminine form is first.

au premier étage on the first floor
la deuxième fois the second time

Vocabulaire

Les verbes
retrouver
se préparer
éviter
suivre
travailler
voter
utiliser
se perdre
monter
descendre
contacter
chatter
exprimer
rester en contact
participer à
poster
faire attention
réfléchir
rendre visite à

Le collège
la rentrée
la date limite

le cartable
le club
  extrascolaire
le matériel scolaire
la récréation
l'élection (f)
le/la délégué(e) de
classe
le cours
le voyage de classe
la salle des profs
le CDI
la cantine
les toilettes
le gymnase
la cour
la salle de classe
le couloir
les laboratoires

La technologie
le texto
les nouvelles

la connexion (f)
l'accès Internet (m)

Les vacances
la glace
la mer
le parc aquatique
le vélo-rail
la péniche
le café
le centre-ville

Les endroits
la Bretagne
l'Ardèche (f)
le Pays basque
la Normandie
la Dordogne
la Provence
le Portugal
l'Espagne (f)
l'Italie (f)
la Grèce
les États-Unis

Les adjectifs
logique
chouette
reposant(e)
réaliste
sérieux(–euse)
juste
fiable
idéaliste
bête

**Les nombres
ordinaux**
premier(–ière)
deuxième
troisième

Les mots utiles
l'émission (f)
le mode d'emploi
le lendemain
les conseils
le goûter
l'idée (f)

le rez-de-chaussée
l'étage (m)
rapidement
facilement
bien avant
au bout de
sûr
à côté de
en face de
près de
de l'autre côté
à l'étranger
en vacances
tout le monde
si

Les expressions
Qu'est-ce qu'il y a?
J'en ai marre!
Ne t'inquiète pas.

Mission accomplie?

I can...

☐ Talk about going back to school after the holidays

☐ Use the infinitive of a verb in different ways

☐ Use adverbs to talk about a sequence of events

☐ Use the perfect tense to talk about what I did during the holidays

☐ Express my opinion and compare ideas

☐ Say what I want to do

☐ Use the verb *pouvoir* to talk about what I can do

☐ Use the imperative to tell someone what to do

☐ Discuss where to go

☐ Make arrangements to meet

☐ Talk about the different parts of a school building

☐ Ask for directions and tell someone where something is

Le petit Gabriel
Chapitre 1

Gabriel a sept ans et il n'est pas content. Demain c'est la rentrée et il ne veut pas aller à l'école. Le grand-père de Gabriel, un monsieur très gentil et calme, écoute:

«Papi – je ne veux pas aller à l'école demain! L'année dernière je suis allé à l'école TOUS LES JOURS!»

«Et c'était comment, Gabriel?»

«Eh ben ... c'était plutôt ... eh ben ... c'était ... bof.»

«Tu as des amis à l'école, Gabriel?»

«Eh ben oui, mais...»

«Et ils sont comment tes amis, Gabriel?»

«D'abord il y a Louis – il est drôle, lui. Ensuite, il y a Jasper – il est sympa, lui. Et aussi il y a...» Gabriel hésite et rougit un peu, «...aussi, il y a Zoé. Moi, je pense, qu'elle est jolie mais je n'ai rien dit à Louis ou à Jasper.»

«Alors, tu vois, c'est bien l'école, non?»

«Eh ben, non. Je ne veux pas aller à l'école, Papi! Et je ne vais pas y aller, Papi! On ne peut pas me forcer, Papi!»

Le grand-père de Gabriel regarde son petit-fils. Il sourit:

«Je vais te raconter une histoire, Gabriel.»

«Génial, Papi» répond Gabriel, «j'adore écouter les histoires.»

«Bon, alors, imagine Gabriel. Petit comme toi, un jour j'ai dit à ma maman – "Je ne veux pas aller à l'école et je ne vais pas aller à l'école!"»

«C'est vrai, Papi?! Et qu'est-ce qu'elle a dit ta maman?»

«Elle a dit tout simplement "Tu dois aller à l'école."»

«Et qu'est-ce que tu as fait, Papi?»

Vrai ou faux?
True or false?

a Gabriel doesn't like school.

b Gabriel doesn't like Zoé.

c Gabriel thinks Louis is shy.

d Gabriel has never been to school before.

e Gabriel's grandfather felt the same when he was little.

a Qui est...?
Who is...?

1 unhappy   **2** very kind   **3** calm   **4** funny   **5** nice   **6** pretty

b Écris des phrases pour exprimer le contraire. Utilise un dictionnaire.
Write sentences with the opposite meaning. There may be more than one possible answer. Use a dictionary to help you.

Exemple   **1** Gabriel est content.

Choisis une fin pour les phrases anglaises et trouve le français pour chaque phrase dans le texte.
Choose an ending for the English sentences and then find the French for each sentence in the text.

to go to school.   read stories.   go to school.   to listen to stories.

a I don't want...   b I can't...   c I love...   d I'm not going to...   e You have to...

Chapitre 2

«Alors, je suis parti de chez moi – j'ai marché et j'ai marché et j'ai marché pendant des heures et des heures, loin de chez moi. Et c'était à la campagne, Gabriel.»

«Et ensuite?»

«Et ensuite, je me suis arrêté et j'ai décidé de rentrer chez moi parce que j'avais faim!»

«Et c'est la fin de l'histoire? Tu es rentré chez toi?»

«Mais non, Gabriel. C'était impossible.»

«Pourquoi?»

«Parce que, à ce moment-là, j'ai vu un panneau avec les noms de tous les villages. Et j'ai pensé, youpi! Je vais rentrer chez moi. Je vais lire le panneau et je vais rentrer chez moi et je vais manger un bon repas. Je suis allé vers le panneau et ... j'ai commencé à pleurer! J'ai pleuré et j'ai pleuré et j'ai pleuré et finalement j'ai crié "Je veux rentrer chez moi! Mais je ne peux pas rentrer chez moi – je ne peux pas rentrer chez moi. J'ai faim et je ne peux pas rentrer chez moi parce que JE NE SAIS PAS LIRE!"»

4 Corrige les mots incorrects dans ce resumé de la dernière partie de l'histoire.
Correct the words which are not right in the summary of the last part of the story.

Gabriel's grandfather decided to go home because he was **1** <u>tired</u> and was delighted because he saw a **2** <u>village</u>. He thought he was going to **3** <u>look at</u> it, go home and have a **4** <u>long sleep</u>. However, he realised he couldn't go home because he couldn't **5** <u>swim</u>.

5 **a** Trouve et écris une liste des 11 verbes au passé composé.
Find and write a list of the 11 verbs that are in the perfect tense.

b Associe chaque verbe au passé composé avec la bonne traduction.
Match each verb in the perfect tense with the correct translation.

I decided	I walked	I thought	you went back
I went	I started	I left	I shouted
I saw	I stopped	I cried	

6 Écris une liste de mots de l'histoire que tu ne connaissais pas. Essaie de comprendre et puis vérifie dans un dictionnaire.
Make a list of words or phrases from the story that you didn't know. Try to work out what they mean and then check in a dictionary.

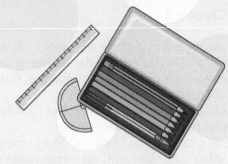

Quiz rentrée scolaire écocitoyens

Es-tu prêt pour une rentrée écologique?

1 Avant de partir dans le magasin...

A tu cherches le matériel que tu peux réutiliser de l'année dernière.

B tu lis la liste fournie par le collège pour tout acheter.

C tu penses que tu vas tout décider dans le magasin.

2 Dans le magasin, pour choisir...

A tu vérifies s'il existe un produit écolabellisé.

B tu achètes les produits que tu aimes le plus.

C tu regardes essentiellement le prix.

3 À ton avis, garder ton cartable deux ans de suite...

A est une très bonne idée.

B est impossible – tu dois acheter un nouveau cartable chaque année!

C oui, mais si tu vois un cartable que tu aimes beaucoup, tu vas peut-être l'acheter.

4 Pour aller au collège, l'idéal pour toi c'est...

A aller à pied – tu peux bouger un peu pour te réveiller.

B la voiture, pour arriver plus vite – même si avec la circulation, c'est moins rapide.

C ça dépend – si tu es fatigué tu ne veux pas aller à pied.

5 À ton avis, combien d'élèves de ta classe vont au collège à pied régulièrement?

A moins de 30 pour cent

B plus que 50 pour cent

C plus ou moins 70 pour cent

Lis le titre du quiz. Écris ces mots en deux listes.

Read the title of the quiz. Write these words in two lists – those which have a link to the quiz and those that don't.

les vacances   l'environnement   l'Internet   le collège   le délégué de classe

la terre   la cantine   la responsabilité   la Bretagne

Oui, il y a un lien avec le quiz	Non, il n'y a pas de lien avec le quiz

Choisis le titre en anglais qui correspond le mieux.

Choose the title in English which is the best match.

a Big school – big worries?

b Back to school with the environment in mind.

c Ready, steady, back to school!

Trouve le français pour ces phrases dans le quiz.

Find the French for these phrases in the quiz.

a that you can recycle   b supplied by the school   c you are going to decide everything

d even if   e two years in a row   f if you see a school bag

g you have to buy   h you can move a little   i a product with an eco-label

j not so fast   k around   l you don't want to go on foot

4 Traduis les mots et puis trouve les antonymes dans le texte.
Translate the words and then find the French opposites in the text.

Exemple **a** après *after*   avant *before*

a après   **b** l'année prochaine   **c** rien   **d** le moins   **e** jeter

f mauvaise idée   **g** possible   **h** vieux   **i** beaucoup   **j** lent

5 Fais le quiz. Tu es plutôt A, B ou C?
Do the quiz. Are you mainly A, B or C?

6 Lis les conseils. Trouve au moins six verbes à l'impératif et traduis-les.
Read the advice. Find at least six verbs in the imperative form and translate them.

Exemple   continue   *continue*

7 Associe ces phrases avec les conseils A, B ou C.
Match these sentences with advice A, B or C.

a You don't want to cause harm to the environment.

b You should recycle a little more.

c You should be a little more decisive.

d You will soon become an ecocitizen.

e You should continue doing what you are doing.

f You should think before doing anything.

g You understand that we must always think before we act.

h You should decide what you want to buy before going shopping.

i You should travel more by bus or on foot.

8 Prépare un poster qui encourage les élèves à penser à l'environnement quand ils se préparent pour la rentrée.
Prepare a poster in French encouraging pupils to be ecocitizens as they prepare for a new school year. Use some of the imperatives from exercise 6.

Pour les questions 1–4, tu es plutôt A
Super – tu es l'écocitoyen parfait! Pour toi, l'environnement est très important. Tu ne veux pas faire du mal à l'environnement et tu comprends qu'on doit toujours réfléchir avant d'agir. Continue comme ça – bravo!

Pour les questions 1–4, tu es plutôt B
Quel dommage! Tu n'es pas un écocitoyen. Pense un peu plus à l'environnement. Recycle un peu plus, achète un peu moins, prends le bus ou va à pied un peu plus souvent – ce n'est pas difficile. Tu vas bientôt devenir écocitoyen aussi.

Pour les questions 1–4, tu es plutôt C
Coucou! Réveille-toi! Tu n'es pas très conscient de l'environnement. Réfléchis avant de faire quelque chose. Décide ce que tu veux acheter avant de partir dans le magasin. Sois un peu plus décisif!

Le match de sélection

You're back at school and so are our friends in Paris! Read on to find out what they're up to.

Résumé

Aujourd'hui c'est le premier septembre, et c'est la rentrée. Les amis parlent des vacances. Félix est allé au Maroc avec ses parents. Ils organisent leurs affaires pour les cours du matin. On commence avec la géographie, la matière préférée de Maeva. Devant le gymnase il y a un poster pour le match de sélection pour l'équipe de basket à treize heures. Abdou a déjà joué dans un match de sélection et il fait partie de l'équipe. Félix va jouer aujourd'hui, mais Manon, qui joue bien au basket, n'est pas sûre. Elle a peur d'être la seule fille. Plus tard Félix et Manon arrivent au gymnase. Félix entre dans le gymnase, mais Manon reste près de la porte. Félix joue bien et soudain Manon attrape le ballon et participe dans le match. Plus tard il y a une liste près du gymnase. On a choisi Félix et Manon pour l'équipe. Ils sont très contents.

Activité

Make a list of any cognates or near-cognates that you can find in the text. Can you spot any faux amis? Re-read the text on page 28 if you need a reminder of what those words mean.

La traduction – translation

Translating from one language to another is a real skill. It's a skill that anyone who is studying a language has already started to learn. That means you are already a translator!

To become good at translation it helps if you know how to avoid some of the common pitfalls. It's important to have a secure knowledge of the vocabulary and grammar of the languages you are translating both to and from, and then to practise often to perfect your expertise.

D'abord traduis ces phrases. Ensuite, vérifie les mots soulignés dans un dictionnaire.
First translate these sentences. Then check the underlined words in a dictionary.

1 Nous sommes allés en Espagne en <u>car</u>.

2 J'ai <u>passé</u> un examen de français.

3 Tu as un <u>crayon</u>, s'il te plaît?

You already know about cognates (words which are the same in French and English, such as café, orange and sport). These words can be useful when you're translating but you need to be careful. Some words look the same but have a different meaning. These are called *faux amis* (false friends). Do you know of any other *faux amis*?

You might need a dictionary when you're translating. When you're using one it's important to remember the things that can trip you up. For example, don't forget to check which part of speech you're looking for (noun, adjective, verb, etc.). Remember to check all possible translations – read the examples to help you make sure you choose the correct word.

a Décide si chaque mot souligné est un nom, un verbe ou un adjectif.
Decide whether each underlined word is a noun, a verb or an adjective.

b Choisis le bon mot dans les articles du dictionnaire pour compléter les traductions.
Choose the correct word from the dictionary entries to complete the translations.

> **rain** *n* <u>pluie</u> *f* ▷ *in the rain* sous la pluie
>
> ▶ *vb* <u>pleuvoir</u> ▷ *It rains a lot here.* Il pleut beaucoup par ici. **It's raining.** Il pleut.

> **post** *n* ❶ *(letters)* <u>courrier</u> *m* ▷ *Is there any post for me?* Est-ce qu'il y a du courrier pour moi? ❷ *(pole)* <u>poteau</u> *m (pl poteaux)* ▷ *The ball hit the post.* Le ballon a heurté le poteau.
>
> ▶ *vb* <u>poster</u> ▷ *I've got some cards to post.* J'ai quelques cartes à poster.

> **light** *adj* ❶ *(not heavy)* <u>léger</u> *(f légère)* ▷ *a light jacket* une veste légère ▷ *a light meal* un repas léger ❷ *(colour)* <u>clair</u> ▷ *a light blue sweater* un pull bleu clair
>
> ▶ *n* ❶ <u>lumière</u> *f* ▷ *to switch on the light* allumer la lumière ❷ <u>lampe</u> *f* ▷ *There's a light by my bed.* Il y a une lampe près de mon lit.
>
> ▶ *vb (candle, cigarette, fire)* <u>allumer</u>

1 I think it's going <u>to rain</u>.

Je pense qu'il va ___.

2 There's a lot of <u>post</u> today – two letters and three postcards.

Il y a beaucoup de ___ aujourd'hui – deux lettres et trois cartes postales.

3 I can carry my school bag – it's very <u>light</u>.

Je peux porter mon cartable – il est très ___.

4 First you have to <u>light</u> the barbecue.

D'abord on doit ___ le barbecue.

There are many online tools you can use to help you with translation and they are continually improving. However, being aware of some of the things they can't do well yet is very important. These English sentences have been translated from English to French using an online translator.

 Lis les traductions et à deux trouvez les erreurs dans les phrases françaises.
Read the translations and in pairs find the mistakes in the French sentences.

1 I went abroad.   **2** I'm a bit afraid.   **3** What about going to the beach?

 Je suis allé à l'étranger.

 Je suis un peu peur.

 Qu'en est-il d'aller à la plage?

 Écris les phrases dans le bon ordre pour traduire en français ce que Dan dit.
Write the phrases in the correct order to translate what Dan is saying into French.

 I like school. I have a lot of friends and I think it is fun. You can study some interesting subjects and you can do sport too. This year I want to be class rep.

1 beaucoup de copains   **2** étudier des matières intéressantes et

3 du sport aussi   **4** et je pense   **5** que c'est amusant

6 être délégué de classe   **7** on peut   **8** je veux

9 j'aime le collège. J'ai   **10** on peut faire   **11** cette année

 a À deux. A traduit le texte 1, B traduit le texte 2. ⭐

texte 1	texte 2
Monte au deuxième étage. Prends le couloir à droite, et la salle de français, c'est la troisième porte à gauche. C'est très facile.	Pendant les vacances nous sommes allés en Italie. Nous avons fait du vélo et nous avons visité beaucoup de monuments. À mon avis, c'était génial.

b A copie et choisit des mots pour compléter la phrase 1. B copie et choisit des mots pour compléter la phrase 2. Échangez vos phrases et traduisez-les en français.
A copies sentence 1 and chooses words to fill the gaps. B does the same for sentence 2. Swap sentences and translate them into French.

1 Go down to the ___ floor. Go along the corridor on the ___ and the ___ is the first door on the ___.

2 During the holidays we went to ___. We ___ and we visited ___. It was ___.

Of course we don't only translate the written word. We also translate spoken language. This is often called interpreting and the person who does this is called an interpreter.

 a Écoute la traduction et écris B (bonne) ou M (mauvaise) pour chaque phrase. (1–3).
Listen to the translations and write B (correct) or M (wrong) for each sentence.

b Maintenant c'est à toi. Écoute et traduis. Ensuite écoute pour vérifier. (1–5) ⭐
Now it's your turn. Listen and translate. Then listen to check.

Des gâteaux délicieux

La cuisine vietnamienne

Du poisson et des fruits de mer

Des fruits et légumes au marché

Découverte du monde:

Are you interested in food and cooking? What are your favourite ingredients and dishes? Watch the video and see what young people in France like and dislike. Are their tastes different from yours? Share your experiences of French food with your classmates. Discuss which French dishes you and your friends have tried and liked.

Le savais-tu?

There are well over 300 different varieties of cheeses (*les fromages*) in France. Many are made with cow's milk, camembert and *brie* (made in western France) as well as *comté* and *reblochon* (made close to the border with Switzerland) being amongst the best-known. Other favourites are *roquefort*, a blue cheese made in the south with ewe's milk, as well as a range of *fromages de chèvre*, made with goat's milk.

 1　Regarde les photos et les légendes et trouve l'équivalent français de:
Look at the photos and captions and find the French for:

fish	cakes	seafood	cheeses
delicious	vegetables	Vietnamese	

 2　À deux, regardez les photos et les légendes et discutez.
Vous aimez ou vous n'aimez pas?
In pairs, look at the photos and captions, and discuss what you like and don't like.

Exemple

A Tu aimes les fruits?

B Oui. Et toi, tu aimes...?

Module 2: Ta mission...

- Talk about food in France
- Say what dishes I like and dislike
- Talk about meals in a French home
- Ask for things during a meal
- Talk about my favourite food
- Say what I can't eat or drink
- Describe what I taste
- Say what I'd like
- Talk about important holidays
- Describe food linked to festivities
- Count from 60 to 100 and in hundreds
- Follow a recipe

2 Topic 1 Tour de France

Objectifs
- Talk about food in France
- Say what dishes I like and dislike

Langue et grammaire

The definite article

When talking about food that you like and dislike, remember to use the definite article, which can be *le, la, l'* or *les*:

J'adore le poisson.	I love fish.
Je déteste la viande.	I hate meat.
Je déteste l'ail.	I hate garlic.
Je craque pour les fruits de mer.	I can't resist seafood.
Mon péché mignon, c'est le chocolat.	I have a weakness for chocolate.

Talking about ingredients

To talk about the ingredients in a dish, it is important to remember that words expressing a quantity are followed by *de*. Not *du*, not *de la*, not *des*; just *de*!

un plat **de** poisson	a fish dish
beaucoup **de** légumes	lots of vegetables

Pronunciation

Notice how the letters *ouill* are pronounced, for example in *bouillabaisse*.

a Fais le quiz. Choisis a ou b pour compléter les phrases.
Do the quiz. Choose a or b to complete each sentence.
If you don't know, have a guess!

1 Le cassoulet, c'est…
  a un gâteau au caramel. b un plat de haricots avec de la viande.

2 La bouillabaisse, c'est…
  a une soupe de poissons. b un plat de légumes.

3 La raclette, c'est…
  a une variété de fraise. b un plat de fromage fondu.

4 Les moules-frites, c'est pour les gens qui aiment…
  a les fruits de mer. b la viande.

5 Le camembert, le roquefort et le gruyère sont…
  a des variétés de fromages. b des variétés de gâteaux.

6 Le clafoutis, c'est…
  a un fromage. b un dessert.

b Trouve une image pour chaque question du quiz.

Vocabulaire

le plat	dish
le haricot	bean
la viande	meat
la soupe	soup
le poisson	fish
le légume	vegetable
la fraise	strawberry
la cerise	cherry
les moules	mussels
les frites	chips
les fruits de mer	seafood
le dessert	dessert
fondu(e)	melted
Je craque pour…	I can't resist…
mon péché mignon	my weakness

a

b

c

d

e

f

 2 À deux, discutez.

A Qu'est-ce qu'on mange en/dans…

B On mange…

 3 **a** Écoute. Qui…? (Félix, Sophie, Justine ou Lucas)

Listen. Who…?

1 prefers meat dishes

2 loves fish and seafood

3 loves anything with cheese

4 has a weakness for desserts

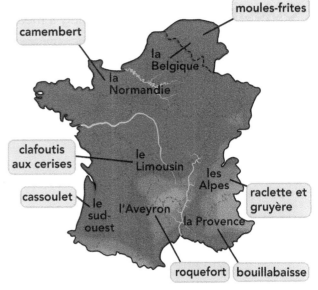

moules-frites

camembert

la Belgique

la Normandie

clafoutis aux cerises

le Limousin

les Alpes

cassoulet

raclette et gruyère

le sud-ouest

l'Aveyron

la Provence

roquefort　bouillabaisse

b Écoute encore. Qui dit…?

1 J'adore les moules.

3 Mon péché mignon, c'est les desserts.

5 Mon dessert préféré, c'est le clafoutis aux cerises de ma grand-mère.

7 Je préfère la viande.

2 Je craque pour la raclette.

4 J'adore le fromage.

6 Mon plat préféré, c'est le cassoulet de mon père.

8 Donnez-moi un bon plat de moules-frites et je suis content.

4 Copie et complète la fiche.

Copy and complete the form.

Nom	aime…	plat préféré
Félix	le fromage	
Sophie		
Justine		
Lucas		

Voie express

Eating is an enjoyable part of daily life, and it's good to know what people eat in France. Remember to use *le/la/les* after verbs like *aimer*, *adorer* or *détester*. If you feel confident you know all the relevant language, do some research and have a go at writing extra questions for the quiz in exercise 1.

5 À deux. A choisit une personne de l'exercice 4.

B pose des questions pour deviner qui c'est.

In pairs. A pretends to be a person from exercise 4.

B asks yes/no questions to find out who it is.

 6 **a** Écris tes réponses aux questions en français. ⭐

Utilise des expressions de l'exercice 3.

Qu'est-ce que tu aimes manger?

Quel est ton plat préféré?

Qu'est-ce que tu n'aimes pas?

Quels plats français as-tu mangés? C'était comment?

Quels plats français voudrais-tu manger? Pourquoi?

b Pose les questions à ton/ta partenaire. Écris ses préférences dans ton cahier.

Exemple

Sean adore… Son plat préféré, c'est…

Objectifs
- Talk about meals in a French home
- Ask for things during a meal

Langue et grammaire

Saying 'some'

The words 'some' and 'any' are often left out in English. However, you can't leave them out in French. Use:

- *du* with masculine nouns
- *de la* with feminine nouns
- *de l'* before a vowel
- *des* with plural nouns

Je voudrais du pain et de l'eau. I'd like some bread and water.
After a negative, *un*, *une*, *du*, *de la*, *de l'* and *des* all change to *de*:
Je n'ai pas de fourchette. I don't have a fork.

Using *on*

You already know that the word *on* is often used to mean 'we'. It can also be used to mean 'people':
En France, on mange In France, people eat a lot
  beaucoup de pain. of bread.

Adverbs

Many French adverbs end in *–ment*; it's the equivalent of –ly in English.

directement	directly
généralement	generally
normalement	normally
seulement	only

Pouvoir + infinitive

Remember, you can follow the present tense of the verb *pouvoir* (to be able to) with a verb in its infinitive form to make requests or to ask for permission:
Je peux avoir du sucre? Can I have some sugar?

Tu peux me passer Can you pass
  de l'eau? me some water?

---

1 Trouve dans le blog de Dan l'équivalent français des mots:

a for breakfast	**b** a bowl	**c** the bread
d on the table	**e** a plate	**f** for lunch
g a starter	**h** some fish	**i** special occasions
j the dishes	**k** some cheese	**l** some fruit
m cakes	**n** some meat with some vegetables	**o** for the evening meal

Vocabulaire

comme	like, the same as
le thé	tea
le bol	bowl
le pain	bread
l'assiette (f)	plate
le déjeuner	lunch
l'entrée (f)	starter
la salade	salad
les carottes râpées	grated carrots
le yaourt	yoghurt
le sel	salt
le sucre	sugar
les jours de fête	special occasions
le dîner	evening meal
la même chose	the same
le couteau	knife
la fourchette	fork
la cuillère	spoon

Le blog de Dan

Je suis en vacances chez ma grand-mère en France. Ici, à table, ce n'est pas comme chez moi en Angleterre. En France, au petit-déjeuner on boit le café, le thé ou le chocolat dans un bol.

On met toujours le pain directement sur la table, on ne le met pas sur une assiette! Généralement, au déjeuner, on commence par une entrée simple (des carottes râpées ou des tomates, par exemple).
Après, on mange du poisson ou de la viande avec des légumes. Ma grand-mère met les plats sur la table. Moi, je préfère ça.

Pour terminer, on prend souvent de la salade et du fromage. Ensuite, il y a des yaourts et des fruits. Les desserts et les gâteaux, c'est seulement pour le dimanche et les jours de fête.

Et le soir, au dîner, c'est la même chose!

2 Relis le blog de Dan. Vrai ou faux?

a In France, people use bowls to drink tea or coffee for breakfast.

b Bread must always be placed on a plate.

c Dan's grandma often prepares grated carrots or a tomato salad as a starter.

d Dan's grandma dishes food onto individual plates before bringing them to the table.

e They rarely eat yoghurt at lunchtime.

f The evening meal is quite similar to lunch.

3 Écoute. Numérote les images suivant l'ordre de l'audio.

Listen. Number the images in the order you hear them mentioned.

a b c d e  f

4 Choisis une phrase pour chaque image de l'exercice 3.

Choose a sentence for each image from exercise 3.

1 Je voudrais une cuillère pour mon yaourt.

2 Je peux avoir du sel, s'il te plaît?

3 Je peux avoir du sucre aussi?

4 Tu peux me passer de l'eau?

5 Je n'ai pas de couteau…

6 Où est ma fourchette?

Voie express

In this topic, you will find out about some eating habits in France and how they may be different from those in your country. Make sure you know how to use *du/de la/de l'/des* with items of food, as well as *de* after a negative. If you feel confident about those things and know the vocabulary well, have a go at writing a blog explaining the eating habits in your family. Look at Dan's blog in exercise 1 to start you off.

5 À deux. Écoutez encore une fois, puis jouez les dialogues différemment (très sympa, en colère, etc.).

In pairs. Listen again, then choose different moods to act out the dialogues (very friendly, angry, etc.).

6 Traduis ces phrases en français. ⭐

Translate these sentences into French.

1 I don't have a bowl for my coffee.   2 I don't have a plate.   3 Can I have some bread?

4 Can you pass me the salad?   5 Where is my spoon?

7 En groupes de trois ou quatre, préparez un menu pour un repas français. Imaginez des conversations avec les phrases de l'exercice 6. Puis jouez les conversations.

In groups of three or four prepare a menu for a typical French meal. Make up other conversations with the sentences from exercise 6. Then act out the conversations.

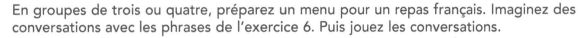

Objectifs
- Talk about my favourite food
- Say what I can't eat or drink

Langue et grammaire

Adjectival agreement
Remember, French adjectives agree with the noun they describe.

- For most adjectives, you just need to add an e to describe a feminine noun.
- If the adjective already ends in –e, there's no need to add another.
- Adjectives ending in –ien change to –ienne.
- Adjectives ending in –if change to –ive.

	masculine singular	feminine singular
Sudanese	soudanais	soudanaise
Muslim	musulman	musulmane
allergic	allergique	allergique
Vietnamese	vietnamien	vietnamienne
vegetarian	végétarien	végétarienne
Jewish	juif	juive

When adjectives are introduced with c'est and not followed by a noun, they remain masculine singular.

C'est bon.	It's good.
C'est énervant.	It's annoying.

Talking about what you are allergic to
When using the phrase allergique à, remember to change à depending on the noun that follows.

allergique au fromage	allergic to cheese
allergique à la pénicilline	allergic to penicillin
allergique aux noisettes	allergic to hazelnuts

To say you never do something, use ne … jamais.
Elle ne boit jamais de café. She never drinks coffee.

Lis la conversation. Vrai ou faux?

a Sophie doesn't eat meat, but she likes fish.

b Banh mi is a Vietnamese sandwich.

c Abdou doesn't eat pork because he's a vegetarian.

d Abdou doesn't like Sudanese food.

e Aloco poisson is a dish made with fish.

f Maeva likes Vietnamese food.

Maeva
J'adore la cuisine vietnamienne, surtout les banh mi! Miam!

Abdou
Un banh mi, qu'est-ce que c'est?

Maeva
C'est un sandwich vietnamien. Sur la photo, on voit un banh mi au porc. C'est un sandwich au rôti de porc.

Abdou
Je ne mange pas de porc, parce que je suis musulman.

Maeva
Ah OK.

Abdou
De toute manière, je préfère la cuisine africaine. J'adore le poulet et mon plat préféré, c'est l'aloco poulet.

Sophie
L'aloco poulet, qu'est-ce que c'est?

Adbou
C'est un plat de poulet avec des bananes plantain.

Sophie
Moi je ne mange jamais de viande parce que je suis végétarienne.

Adbou
Tu manges du poisson? L'aloco poisson, c'est bon aussi.

Sophie
Je ne mange jamais de viande et je ne mange jamais de poisson! Tu le sais!

Vocabulaire

musulman(e)	Muslim
soudanais(e)	Sudanese
juif (m) / juive (f)	Jewish
végétarien(ne)	vegetarian
allergique (à)	allergic (to)
énervant(e)	annoying
désolé(e)	sorry
la cuisine	cooking
le porc	pork
le rôti	roast
le poulet	chicken
la noisette	hazelnut
la noix	walnut
le lait	milk
le jus de fruit	fruit juice
la banane plantain	plantain banana
de toute manière	in any case
tu le sais	you know it

 Relis l'exercice 1, puis écris l'équivalent français des phrases suivantes.
Read exercise 1 again then translate the following sentences into French.

a I never eat chicken because I am a vegetarian.

b I prefer Vietnamese cooking.

c My favourite sandwich is banh mi.

d What is aloco fish?

e It is a fish dish.

f Do you eat fish?

g I love chicken.

 Écoute. Qui est allergique à quoi?
Listen. Who's allergic to what?

Thomas   Justine   La tante de Lucas

> ### Voie express
> We don't all eat exactly the same things. Our menu depends on our personal tastes and the culture of our family, as well as any allergies. To discuss such things in French, it's important to know how to use *ne … jamais + de*. When you are very confident with explaining in French why you never eat certain things, you can go straight to exercise 6.

4 Écoute encore, puis recopie et complète les phrases. Utilise les anagrammes pour t'aider.
Listen again, then copy and complete the sentences. Use the anagrams to help you.

a MEANG TOISSENTE GAQUIRELLE   Thomas ne _____ pas de _____, parce qu'il est _____.

b TOBI TIAL GRAMOFE   Justine ne _____ pas de _____ et elle ne mange pas de _____.

c GUNTEL NIPA TEXÂGAU   La tante de Lucas ne mange pas de _____: pas de _____, pas de _____.

d SUJ SUTRIF   Sophie, Justine, Félix et Lucas ne sont pas allergiques aux _____ de _____.

5 À deux. A propose quelque chose à boire ou à manger. B joue le rôle de Thomas, Justine, Sophie ou la tante, et accepte ou refuse. A devine qui c'est.
In pairs. A offers B a drink or some food. B plays the role of Thomas, Justine, Sophie or the aunt and accepts or declines. A guesses who it is.

A Tu veux…?   **B** Oui, je veux bien / Non, merci. Je ne mange pas de…   **A** Tu es…!

6 Fais au moins cinq phrases différentes avec les mots suivants.
Use the words below to make at least five different sentences.

Je	ne bois	pas de	lait	parce que	je suis	allergique
Il	ne boit	jamais de	porc	parce qu'	il est	végétarien
Elle	ne mange		poisson		elle est	végétarienne
			viande			musulman
			fromage			musulmane
			noisettes			juif
			pain			juive

Objectifs
- Describe what I taste
- Say what I'd like

Langue et grammaire

Describing flavours

Some of the intensifiers you know already can be used to express quantities:

C'est assez sucré.	It's quite sweet.
C'est un peu épicé.	It's a bit spicy.
C'est trop amer.	It's too bitter.
Il n'y a pas assez de sucre.	There isn't enough sugar.
Tu as un peu de citron?	Have you got a bit of lemon?
Il y a trop de sel.	There's too much salt.

Use *au*, *à la*, *à l'* or *aux* to introduce the name of the filling or flavour:

une tarte **au** citron (m)	a lemon tart
un gâteau **à la** carotte (f)	a carrot cake
une glace **à l'**ananas (vowel)	a pineapple ice cream
une pizza **aux** champignons (pl)	a mushroom pizza

Saying what you'd like

When asking a friend whether they want something, use the present tense of *vouloir*:

Tu veux un peu de sucre?	Do you want a little sugar?

When answering, it is more polite to use *je voudrais* than *je veux*:

Je voudrais un peu de sel.	I would like a little salt.

Pronunciation

Remember that *th* in French is always pronounced like a 't'. For example *le thé* and *le thon*.

Choisis la bonne option pour compléter les bulles 1–5.
Choose the right ending for each bubble 1–5.

Vocabulaire

sucré(e)	sweet
salé(e)	salty, savoury
épicé(e)	spicy
amer (m) / amère (f)	bitter
acide	sharp, sour
délicieux(–euse)	delicious
dégueulasse	disgusting
le citron	lemon
le thon	tuna
la crevette	prawn
le gingembre	ginger
l'ananas (m)	pineapple
la vanille	vanilla
la tarte	tart
le sondage	survey
beurk	yuck

1 C'est sucré. C'est…

 a un gâteau à la carotte
 b une pizza aux champignons

2 C'est salé. C'est…

 a des frites
 b une glace au caramel

3 C'est épicé. C'est…

 a du poulet rôti
 b du poulet au curry

4 C'est amer. C'est…

 a du café noir
 b du chocolat chaud

5 C'est acide. C'est…

 a du lait
 b du jus de citron

Écoute. Associe chaque phrase à une conversation (1–5). Qu'est-ce que ça veut dire?
Listen. Match each sentence with one of the conversations. What does each one mean?

a C'est bon!   **b** C'est délicieux!   **c** J'adore…

d Je voudrais un peu de sucre.   **e** Je n'aime pas ça. Beurk!

 a Écoute les conversations. Une seule personne est contente. Laquelle? (1–5)
Listen to the conversations. Only one person is happy. Which one?

b Écoute encore une fois. Tu entends quelles phrases?
Listen again. Which sentences do you hear?

1 a C'est trop épicé.   **b** Ce n'est pas assez épicé.

2 a Il y a trop de sel.   **b** Il n'y a pas assez de sel.

3 a Il y a trop de sucre.   **b** Il n'y a pas assez de sucre.

4 a C'est trop sucré?   **b** C'est assez sucré?

5 a Tu n'aimes pas le sucre?   **b** Tu veux un peu de sucre?

Voie express

Do you love sweets, or do you prefer salty food? What about spicy dishes? You need to know basic words such as *sucré*, *salé*, *épicé*, *amer* and *acide*, as well as expressions of quantity like *assez* and *trop*. When talking about flavours, make sure you are using *au/à l'/à la/aux* correctly. Once you can do all that, write a paragraph on your likes and dislikes.

 a Fais un sondage. Demande à 12 personnes:

Quelle est ta/votre pizza préférée?   Quelle est ta/votre glace préférée?

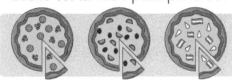   

b Fais un tableau pour présenter les résultats du sondage.
Draw a table to show the results of the survey.

Nombre de personnes qui préfèrent la pizza…		Nombre de personnes qui préfèrent la glace…	
au jambon	4	au chocolat	7
au thon	3	à la vanille	
à la mozzarella			

 Utilise les mots pour traduire les plats en français. Puis écris un menu de trois soupes, trois omelettes et six desserts différents et originaux. Lesquels préfères-tu? Pourquoi? ⭐
Use the words to translate the dishes into French. Then use a dictionary to write a menu consisting of three soups, three omelettes and six desserts, which should be different and original. Which do you prefer, and why?

1 vegetable soup   **2** lemon mousse

3 apple tart   **4** mint ice cream

5 ginger cake   **6** cheese omelette

une soupe	une mousse	une omelette
une glace	une tarte	un gâteau
aux légumes	au citron	aux pommes
au fromage	à la menthe	au gingembre

Objectifs
- Talk about important holidays
- Describe food linked to festivities

Langue et grammaire

Plural nouns using –x

To make some nouns plural, you add an –x instead of an –s:

un gâteau	a cake	des gâteaux	cakes
un château	a castle	des châteaux	castles
un cadeau	a present	des cadeaux	presents

The word *au* follows a similar pattern:

une glace **au** chocolat	a chocolate ice cream
un gâteau **aux** amandes	an almond cake

Connectives and sequencers

To build longer sentences and express yourself fluently, make good use of connectives and sequencers:

et	and	puis	then
mais	but	enfin	finally
alors	so	pour commencer	to start with
ensuite	then	pour terminer	to end with

Hugo à Montréal
Le sirop d'érable est un ingrédient typique du Canada et, pour les fêtes, moi j'adore les tartes au sirop d'érable.

Luyen à Hanoï
Moi, ma fête préférée, c'est mon anniversaire. Ce jour-là, j'aime manger des nems au crabe et aux crevettes. C'est délicieux!

Amal en Tunisie
Dans ma famille, l'Aïd el-Fitr est une fête importante pour la fin du ramadan. Ce jour-là, les enfants ont des cadeaux et on mange des petits gâteaux aux amandes, au miel et à la cannelle. C'est bon, mais c'est très sucré.

Antoine en Nouvelle-Calédonie
En Nouvelle-Calédonie, pour les grandes fêtes de famille, on prépare le bougna. C'est un plat avec des légumes et de la viande cuits dans des feuilles de bananier. Il y a aussi du bougna au poisson.

Lucas en France
Mon menu de Noël préféré, c'est des fruits de mer pour commencer, puis de la dinde aux marrons et, pour terminer, un gâteau au chocolat et aux noisettes.

 Lis le texte. Qui...? *Read the text. Who...?*

a loves maple syrup tarts   b eats turkey for Christmas   c likes eating crab and prawns

d eats sweet cakes to celebrate the end of Ramadan   e has a dish cooked in banana leaves on special occasions

 Associe les images aux personnes de l'exercice 1.
Match the pictures with the people in exercise 1.

a	b	c	d	e

 Trouve dans le serpent quinze ingrédients du texte, puis traduis-les en anglais.
Find in the snake fifteen ingredients from the text, then translate them into English.

dindemarronsgâteauchocolatnoisettesamandesmielcannellesiropdérablecrabecrevetteslégumesviandepoisson

Regarde les trois cartes de vœux.
Elles sont pour quelles personnes de l'exercice 1?
Look at the three greetings cards.
Choose the most appropriate people from exercise 1.

1    2    3

Écoute. Trouve, dans chaque section, une différence avec les informations de l'exercice 1.
Listen. Find in each section one detail that is different from the information in exercise 1.

Qu'est-ce qu'ils ont fait l'année dernière? Copie les phrases et remplis les blancs avec des verbes de la liste.
What did they do last year? Copy the sentences and fill the gaps with the verbs from the list.

> ont mangé   a mangé   a préparé   ai mangé   avons mangé

1 J' _____ de la dinde aux marrons.

2 Amal et sa famille _____ des petits gâteaux aux amandes.

3 Moi et ma famille, pour terminer, nous _____ une tarte au sirop d'érable.

4 Le jour de son anniversaire, pour commencer, Luyen _____ des nems.

5 D'abord, chez Antoine, on _____ le bougna.

Copie le tableau ci-dessous et ajoute des idées de plats.
Copy the table and add ideas for dishes.

à l'abricot	à la banane	aux amandes	à l'ananas	aux crevettes
au café	à la carotte	au chocolat	au citron	à la viande
aux légumes	aux marrons	au miel	au crabe	au curry
à l'orange	au roquefort	à la tomate	à la vanille	

	au	à l'	à la	aux
des nems				aux légumes
de la dinde		à l'ananas		
une tarte	au caramel			

Et toi? Quel est ton repas de fête préféré? Prépare une présentation avec des images. ⭐
How about you? Prepare a presentation with pictures about your favourite celebratory meal.

Vocabulaire

Noël (m)	Christmas
l'Aïd el-Fitr (m)	Eid al-Fitr
le ramadan	Ramadan
la dinde	turkey
le marron	chestnut
l'amande (f)	almond
le miel	honey
la cannelle	cinnamon
le sirop d'érable	maple syrup
les nems	Vietnamese spring rolls
la feuille de bananier	banana leaf
l'abricot (m)	apricot
le cadeau	present, gift
les fêtes	holidays, festivals
la fin	end
ce jour-là	on that day
typique	typical
cuit(e)	cooked

Voie express

It's fun and interesting to learn about food in festivals across the French-speaking world. Once you are confident with the language in this topic, research other celebratory meals in the French-speaking world and write a report on a celebration of your choice. Try to include some plural words ending in –x, like *gâteau* or *cadeau*, and connectives such as *mais*, *alors*, *pour commencer* and *ensuite*.

Objectifs
- Count from 60 to 100 and in hundreds
- Follow a recipe

Langue et grammaire

Following recipes

French recipes generally use verbs in the imperative:

mettez	put	*versez*	pour
ajoutez	add	*mélangez*	mix

Remember that expressions of quantity are followed by *de*:

250 grammes **de** farine	250 grams of flour
une pincée **de** sel	a pinch of salt
deux cuillerées **de** sucre	two spoonfuls of sugar

Remember that *plus* followed by *de* can be used with a noun or an adverb to mean 'more', and *moins* followed by *de* is used to mean 'less':

plus de sucre	more sugar
moins de lait	less milk

Il faut

The phrase *il faut* literally means 'it is necessary'. It is used very often in French to mean 'you have to' or 'you need':

Il faut laisser reposer la pâte.	You have to let the mixture rest.
Il faut 300 grammes de farine.	You need 300 grams of flour.

Les nombres

soixante	60
soixante et un	61
soixante-deux	62
soixante-dix	70
soixante et onze	71
soixante-douze	72
soixante-treize	73
soixante-quatorze	74
soixante-quinze	75
soixante-seize	76
soixante-dix-sept	77
soixante-dix-huit	78
soixante-dix-neuf	79
quatre-vingts	80
quatre-vingt-un	81
quatre-vingt-deux	82
quatre-vingt-dix	90
quatre-vingt-onze	91
cent	100
cent un	101
deux cents	200
deux cent un	201

1 **Il manque deux ingrédients sur l'image. Lesquels?**
Which two ingredients are missing from the picture?

Ingrédients pour crêpes:

farine	sucre	lait
œufs	huile	
sel	beurre	

2 **Tu écoutes ces numéros dans quel ordre?**
In what order do you hear these numbers?

a 50	b 60	c 70	d 100
e 120	f 200	g 250	h 300

3 **À deux. Devinez quelle quantité va avec quel ingrédient.**
Écoutez la conversation pour vérifier vos réponses.
In pairs. Guess which quantity goes with which ingredient.
Listen to the conversation to check your answers.

Ingrédients pour 15 crêpes:

une pincée	de farine
2 cuillerées à soupe	œufs
3	de sel
50 grammes	de sucre
60 centilitres	d'huile
120 grammes	de beurre fondu
300 grammes	de lait

Vocabulaire

il faut	you have to, you need
retourner	to turn
laisser reposer	to leave to rest
attendre	to wait
mélanger	to mix
faire cuire	to cook
l'huile (f)	oil
la farine	flour
le beurre fondu	melted butter
la pâte	mixture
la poêle	frying pan
la framboise	raspberry
la recette	recipe
le côté	side
une pincée	a pinch
un gramme	a gram
une cuillerée	a spoonful
progressivement	gradually
longtemps	a long time

4 Écoute et remets les instructions dans le bon ordre.
Listen and reorder the instructions correctly.

a

Versez un peu de pâte dans une poêle chaude. Faites cuire d'un côté, puis retournez.

b

Mettez la farine dans un grand bol, cassez les œufs au milieu. Mélangez bien.

c

Ajoutez le sel et le sucre, puis le beurre fondu et l'huile.

d

Enfin, versez le lait progressivement et mélangez bien.

e

Laissez reposer une heure.

f

Continuez à mélanger.

Voie express

It's very important that you can count comfortably in French. That means saying numbers with confidence as well as understanding when you hear them. Make sure you can use imperatives such as *mettez*, *mélangez* and *ajoutez*. If you can do all of that, write a French version of your own favourite recipe. Get inspiration by looking at French websites.

5

a Compare les crêpes d'Abdou avec la recette de Manon. Lis les phrases suivantes. Vrai ou faux?

La recette de crêpes de Manon

Pour 12 crêpes:

250 g de farine	2 cuillerées de sucre
4 œufs	60 g de beurre fondu
une pincée de sel	50 cl de lait

1 Mettez la farine dans un bol, cassez les œufs et mélangez bien.
2 Ajoutez le sel et le sucre, puis le beurre fondu.
3 Mélangez bien.
4 Versez le lait progressivement et continuez à mélanger.
5 Laissez reposer deux heures.
6 Prenez une poêle chaude. Versez un peu de pâte et faites cuire des deux côtés.
7 Servez avec:
  • des framboises ou des fraises et de la glace à la vanille
  • de la banane avec un peu de cannelle
  • du miel et du chocolat aux amandes…   *Bon appétit!*

Dans la recette de Manon…

1 Il y a plus de farine.   2 Il n'y a pas de beurre.   3 Il y a moins d'œufs.

4 Il y a plus de lait.   5 Il y a du sel, comme dans la recette d'Abdou…

6 Il faut laisser reposer la pâte moins longtemps.   7 Il y a des idées pour servir les crêpes.

b Corrige les phrases fausses.

6

a Lis les commentaires. Tu es d'accord avec lesquels?   **b** À deux, comparez vos réponses.
Read the comments. Which ones do you agree with?   *In pairs, compare your answers.*

a Moi, je préfère la recette d'Abdou parce qu'il faut attendre moins longtemps!

b Moi, je préfère la recette de Manon parce qu'il y a des idées pour servir.

c Moi je préfère la recette d'Abdou parce qu'il y a des images.

d Je préfère la recette d'Abdou, parce que c'est pour plus de crêpes!

7

Écris des instructions pour une recette de ton choix. Ajoute des images. ⭐
Write down instructions for a recipe of your choice. Add pictures.

Langue et grammaire

The definite article

When talking about food that you like and dislike, remember to use the definite article, which can be *le, la, l'* or *les*:

J'adore le poisson.	I love fish.
Je déteste la viande.	I hate meat.
Je déteste l'ail.	I hate garlic.
Je craque pour les fruits de mer.	I can't resist seafood.

Saying 'some'

The words 'some' and 'any' are often left out in English but you can't leave them out in French. Use *du* with masculine nouns, *de la* with feminine nouns, *de l'* before a vowel and *des* with plural nouns:

Je voudrais du pain et de l'eau.	I'd like some bread and water.

After a negative, *un, une, du, de la, de l'* and *des* all change to *de*:

Je n'ai pas de fourchette.	I don't have a fork.

Expressions of quantity

It is important to remember that words expressing a quantity are followed by *de*.

beaucoup de égumes	lots of vegetables
250 grammes de farine	250 grams of flour

Remember that *plus* followed by *de* can be used with a noun to mean 'more', and *moins* followed by *de* is used to mean 'less':

plus de sucre	more sugar
moins de lait	less milk

Pouvoir + infinitive

Remember, you can follow the present tense of the verb *pouvoir* (to be able to) with an infinitive to ask for something:

Je peux avoir du sucre?	Can I have some sugar?

Adjectival agreement

Remember, French adjectives agree with the noun they describe.

- For most adjectives, just add an *e* to describe a feminine noun.
- If the adjective already ends in –e, there's no need to add another.
- Adjectives ending in –ien change to –ienne.
- Adjectives ending in –if change to –ive.

	masculine singular	feminine singular
Muslim	musulman	musulmane
allergic	allergique	allergique
vegetarian	végétarien	végétarienne
Jewish	juif	juive

When adjectives are used without a noun they remain masculine singular.

C'est énervant.	It's annoying.

Talking about what you are allergic to

When using the phrase *allergique à*, remember to change *à* depending on the noun that follows:

allergique au fromage	allergic to cheese
allergique à la pénicilline	allergic to penicillin
allergique aux noisettes	allergic to hazelnuts

Describing flavours

Some of the intensifiers you know already can be used to express quantities:

C'est assez sucré.	It's quite sweet.
C'est un peu épicé.	It's a bit spicy.
C'est trop amer.	It's too bitter.
Il n'y a pas assez de sucre.	There isn't enough sugar.
Tu as un peu de citron?	Have you got a bit of lemon?
Il y a trop de sel.	There's too much salt.

Use *au, à la, à l'* or *aux* to introduce a flavour;

une tarte au citron	a lemon tart
un gâteau à la carotte	a carrot cake
une glace à l'ananas	a pineapple ice cream
une pizza aux champignons	a mushroom pizza

Saying what you'd like

Note how to ask a friend what they want, and how to reply:

Tu veux un peu de sucre?	Do you want a little sugar?
Je voudrais un peu de sel.	I would like a little salt.

Il faut

The phrase *il faut* literally means 'it is necessary'. It is used very often in French to mean 'you have to' or 'you need':

Il faut 300 grammes de farine.	You need 300 grams of flour.

Vocabulaire

Les verbes

retourner
laisser reposer
attendre
mélanger
faire cuire

La nourriture

le plat
le haricot
la viande
la soupe
le poisson
le légume
la fraise
la cerise
les moules
les frites
les fruits de mer
le dessert
le thé
le bol
le pain

l'assiette (f)
le déjeuner
l'entrée (f)
la salade
les carottes râpées
le yaourt
le sel
le sucre
les jours de fête
le dîner
le couteau
la fourchette
la cuillère
la cuisine
le porc
le rôti
le poulet
la noisette
la noix
le lait
le jus de fruit
la banane plantain
la dinde
le marron

l'amande (f)
le miel
la cannelle
le sirop d'érable
les nems
la feuille de
  bananier
l'abricot (m)
le cadeau
le citron
le thon
la crevette
le gingembre
l'ananas (m)
la vanille
la tarte
l'huile (f)
la farine
le beurre fondu
la pâte
la poêle
la framboise
la recette

Les fêtes

Noël (m)
l'Aïd el-Fitr (m)
le ramadan

Les quantités

une pincée
un gramme
une cuillerée

Les adjectifs

fondu(e)
sucré(e)
salé(e)
épicé(e)
amer (m) / amère (f)
acide
délicieux(–euse)
dégueulasse
typique
cuit(e)
musulman(e)
soudanais(e)
juif (m) / juive (f)
végétarien(ne)

énervant(e)
désolé(e)
allergique à

Les mots utiles

la même chose
la fin
le sondage
le côté
progressivement
directement
généralement
normalement
seulement
longtemps
ce jour-là
comme

Les expressions

Je craque pour…
mon péché mignon
tu le sais
de toute manière
beurk
il faut

Mission accomplie?

I can...

- ☐ Talk about food in France
- ☐ Say what dishes I like and dislike
- ☐ Talk about meals in a French home
- ☐ Ask for things during a meal
- ☐ Talk about my favourite food
- ☐ Say what I can't eat or drink
- ☐ Describe what I taste
- ☐ Say what I'd like
- ☐ Talk about important holidays
- ☐ Describe food linked to festivities
- ☐ Count from 60 to 100 and in hundreds
- ☐ Follow a recipe

Suis les nombres pour traverser le labyrinthe. Entre au numéro 60 et sors au numéro 100.
Follow the numbers in the maze to go from the entrance (60) to the exit (100).

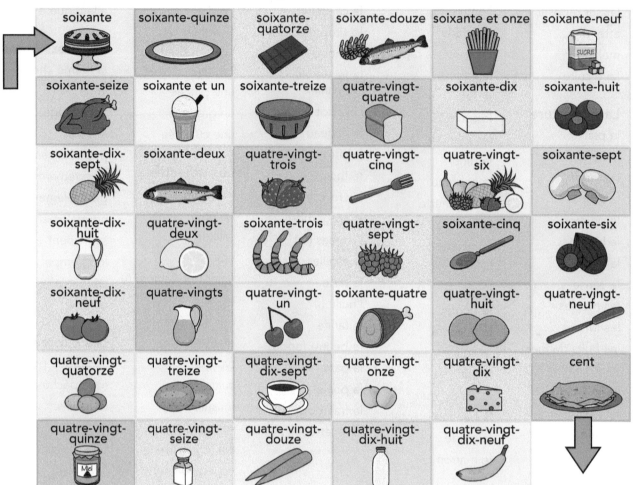

À deux. A identifie une image du labyrinthe. B donne le numéro correspondant.
In pairs. A names a picture from the maze. B gives the matching number.

Exemple

A Je voudrais du fromage.

B C'est au numéro 90.

À deux. A dit un numéro du labyrinthe. B donne le nom de l'image correspondante.
In pairs. A says a number from the maze. B says the name of the matching picture.

Exemple

A Je voudrais le numéro 60.

B Tu veux un gâteau?

4 Recopie et complète les séries de nombres, puis écris-les en chiffres.
Copy and complete the series, then write the numbers down as digits.

a soixante, soixante-dix, quatre-vingts, _____

b soixante-cinq, soixante-quinze, quatre-vingt-cinq, _____

c soixante et onze, quatre-vingt-un, quatre-vingt-onze, _____

d quatre-vingt-onze, quatre-vingt-treize, quatre-vingt-quinze, _____

e cent, deux cents, trois cents, _____

f deux cent deux, deux cent quatre, deux cent six, _____

5 Écoute, puis complète les listes d'ingrédients.
Listen then complete the lists of ingredients.

Gâteau au chocolat

____ grammes de farine
____ grammes de beurre
_1_ jaune d'œuf
____ millilitres d'eau

Macarons aux fruits rouges

____ grammes de sucre glacé
____ grammes de poudre d'amandes
____ grammes de sucre
_2_ blancs d'œufs
____ grammes de fruits rouges
____ millilitres de crème

Crème caramel
____ grammes de sucre en poudre
____ grammes de beurre
____ millilitres de crème liquide

Tarte aux abricots
____ grammes d'abricots
____ grammes de farine
____ grammes de beurre
____ grammes de sucre

6 À deux. A lit une liste d'ingrédients. B devine le nom du dessert.
In pairs. A reads a list of ingredients. B guesses which dessert it is.

7 À deux. A lit une liste d'ingrédients en changeant certaines quantités. B remarque les erreurs et les corrige.
In pairs. A reads a list of ingredients, changing some of the quantities. B spots the mistakes and corrects them.

1 **Avant de lire le texte, regarde le titre et l'image puis devine les phrases vraies.**
Before reading the article, look at the title and image then guess which sentences are true.

a Abel has appeared on a cookery show.

b He has a passion for eating and cooking.

c He has been interested in cooking since leaving school.

d He prefers cooking traditional French dishes.

e He likes cooking with spices such as ginger or cinnamon.

f He works in his own restaurant.

La tarte aux tomates caramélisée
Ingrédients:
3 cuillerées de sucre
3 cuillerées de vinaigre balsamique
500 grammes de tomates-cerise
250 grammes de pâte

MISSION **rencontre** ABEL, **candidat à l'émission** MEGA-CHEF.

M Vous avez commencé à cuisiner à quel âge?

A Je ne sais pas. J'ai l'impression que j'ai toujours cuisiné… J'adore manger, et la cuisine est ma passion.

M Vous êtes français, mais votre cuisine est très internationale… Quelles sont vos influences?

A Je n'aime pas le mot «international». Je préfère «cosmopolite». J'aime voyager et j'aime la cuisine du monde… Je suis allé au Vietnam avec mes parents et j'aime beaucoup la cuisine vietnamienne.

M Pourquoi aimez-vous faire la cuisine?

A Parce que je veux partager de bons repas avec ma famille et mes amis. J'aime cuisiner pour ma famille et mes amis. Quand je voyage, j'aime découvrir de nouveaux ingrédients pour mes plats.

M Quels sont vos ingrédients préférés?

A C'est difficile. J'aime la variété, j'aime beaucoup de choses. Je ne suis pas végétarien, je mange un peu de viande et de poisson, mais j'aime cuisiner les légumes avec des épices. Je mets de la cannelle et du gingembre, par exemple… J'aime beaucoup le sucré-salé… En ce moment, je fais une tarte à la tomate caramélisée…

M Miam! Quelles sont vos ambitions?

A Je voudrais partager ma passion pour la cuisine avec un maximum de personnes. Mon rêve? Ouvrir un restaurant, bien sûr!

M Bonne chance, Abel.

2 **Lis l'article. MISSION a posé ces questions dans quel ordre?**
Read the article. In what order did MISSION ask the following questions?

a What influences you?

b Why do you like cooking?

c What are your ambitions?

d What are your favourite ingredients?

e How old were you when you started cooking?

3 Trouve dans le texte l'équivalent français de:
Find in the text the French for:

a I have always cooked. **b** Cooking is my passion.

c I love travelling. **d** I like cooking for my family and friends.

e I eat a little meat and fish. **f** I like sweet-and-sour food a lot.

g I am making a tomato tart. **h** I'd like to share my passion for cooking.

4 Relis les phrases de l'exercice 1. Vrai ou faux?
Read the statements from exercise 1 again. True or false?

5 Trouve une phrase de l'article pour accompagner chaque image.
Find a sentence from the article to use as a caption with each of these images.

1  2  3  4

6 Regarde la liste d'ingrédients pour la tarte aux tomates. Ensuite écoute et note la recette en anglais.
Look at the list of ingredients for the tomato tart. Then listen to the recipe and jot it down in English.

7 Choisis un(e) autre candidat(e) et écris une autre interview.
Chose another candidate and write a similar interview.

Lucie, 22, started cooking at the age of 15. Likes cooking meat and prefers traditional French dishes. Her dream is to write a cookery book. (*un livre de cuisine*)

Zohra, 27, started cooking at the age of 22. She likes Tunisian cooking, and prefers sweet dishes. In fact she would like to have her own TV show. (*présenter une émission à la télé*)

Adam, 29, has always cooked. He has a passion for fish and seafood and likes cooking with spices. His dream is to open a fish restaurant at the seaside. (*un restaurant avec spécialité poisson*)

On va en Normandie

Read the text to find out how the team's matches go.

1

DRING! DRING! DRING! DRING!

AUJOURD'HUI, ON VA EN NORMANDIE AVEC L'ÉQUIPE DE BASKET. C'EST LE PREMIER MATCH!

2

SALUT TOUT LE MONDE!

C'EST MON PREMIER MATCH DE BASKET!

3

LE MATCH COMMENCE À 14H. ON PEUT MANGER AU CAFÉ.

4

POUAH! J'ADORE LE FROMAGE, MAIS J'AI MANGÉ TROP DE CAMEMBERT.

5

REGARDE! ILS JOUENT BIEN.

Résumé

Félix et Manon vont participer à un tournoi de basket en Normandie. Ils ont voyagé en car et ont mangé au café du centre sportif avant le premier match. Le capitaine des garçons, Oscar, aime le fromage mais il a mangé trop de camembert. Les garçons ont bien joué, mais Oscar est tombé et il a mal à la jambe. Félix a encouragé l'équipe. Malheureusement, les filles ont perdu au dernier moment. Les garçons ont gagné le match, mais il y a un problème. Les garçons n'ont pas de capitaine. Est-ce qu'ils vont jouer au prochain match?

Activité

Write an account of a day trip with your friends. It can be real or imaginary so be creative!

Learning vocabulary

The more French words you know, the more you will be able to understand and the easier it will be for you to express yourself. Here are a few ideas and exercises to help you learn vocabulary efficiently.

Use English to help you

Many words relating to food and drink look quite similar in both languages, but pay attention to detail. Make a note of the differences between the French and the English word. When learning French nouns, remember to take note of whether they're masculine or feminine.

a Associe les mots français aux mots anglais.

Match the French and the English words.

> apricot   banana   bowl   carrot   chocolate   cream
> salmon   tart   tomato   vanilla

> le bol   la tarte   la crème   la vanille   la carotte   la tomate
> l'abricot   la banane   le saumon   le chocolat

b Compare l'anglais et le français. Combien de lettres sont différentes dans chaque mot?

Compare the French and the English. How many letters are different in each word?

c Recopie les mots en deux listes: masculin et féminin. Que remarques-tu?

Copy the words as two lists: masculine and feminine. What do you notice?

d Regarde les mots anglais. De mémoire, traduis-les en français.

Look at the English words. Translate them into French, from memory.

a Trouve dans la liste: *Find in the list:*

1 two drinks	**2** one type of fish
3 one type of red fruit	**4** one tool often used for eating
5 one ingredient often spread on toast	**6** the main ingredient for making bread
7 the main ingredient for making chips	**8** one ingredient often added to chips

> le sel   le thé   le café   le thon   le sucre
> la farine   la cerise   le beurre   la fourchette   la pomme de terre

b Recopie la liste et ajoute la traduction anglaise. Que remarques-tu?

Copy the list and add the English translation. What do you notice?

c Tu parles une troisième langue? Il y a des mots qui ressemblent à cette langue?

Do you speak a third language? Are there any words that look or sound similar to that other language?

d Regarde les mots anglais. Traduis-les en français de mémoire.

Look at the English words. Translate them into French, from memory.

Listen and repeat!

Looking at lists of words is not enough, because you need to know how words are pronounced. Also, some people find it easier to remember words when they hear them. It is usually easier to memorise words as part of a phrase or a short sentence, and it allows you to learn several things at the same time.

a Écoute et répète les phrases qui s'appliquent à toi.

Listen and repeat the sentences that can be applied to you personally.

b Écoute encore une fois. Répète les phrases qui s'appliquent à un membre de ta famille.

Listen again. Repeat the sentences that can be applied to someone in your family.

c Répète chaque phrase d'un ton différent.

Repeat each sentence in a different tone of voice:

  1 excited **2** very apologetic **3** shy **4** angry **5** pleading **6** disgusted

Visuals

Don't just learn one word at a time, memorise related words together. Visuals can be helpful too. If there are words you find difficult to remember, make silly connections and draw mental images that will help you remember better. The more bizarre, the better!

Dessine un autre arbre avec les mots suivants:

Draw another tree with the following words:

manger	le déjeuner
la table	une assiette
la fourchette	la cuillère
le couteau	le verre

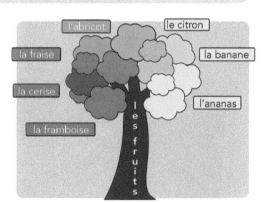

l'abricot   le citron   la fraise   la banane   la cerise   l'ananas   la framboise   les fruits

À deux. Regardez les trois images et répondez aux questions.

In pairs. Look at the three images and answer the questions.

A   B    C

1 Is image A more relevant to people who love jam or to people who never eat jam. Why?

2 What is the French for 'chicken'? What is the chicken doing in the picture?

3 What is the French for 'mushroom'? Who is the champion?

4 Which picture works best for you? Why?

5 Think of a bizarre image to help you remember a French word. Describe it to your partner.

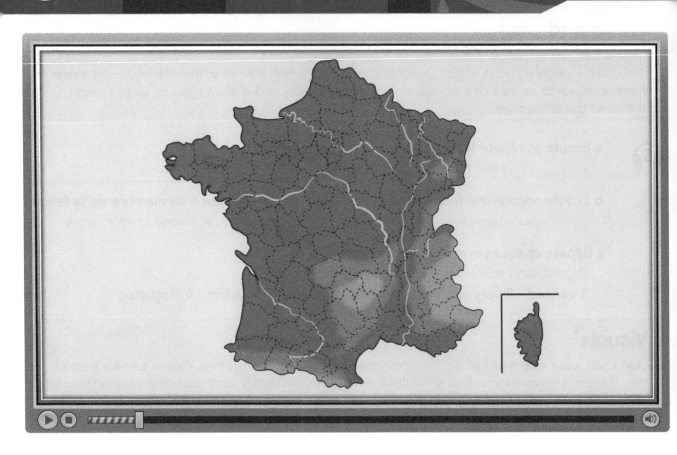

La dune du Pilat

La Camargue

La forêt des Landes

Découverte du monde:

The surface area of France is almost 675 000 km², making it one of the largest countries in Europe. Do you know how big your country is? Is it bigger or smaller than France? Think about the different areas of your country. Do they look very different from each other? France has a very varied geography, with high mountains, marshlands, open farmland and rugged coastlines as well as long sandy beaches. Do you know what any of the areas of France are called and what they are like?

Le savais-tu?

France is divided into different *départements*. There are 96 *départements* in France itself and 5 in other parts of the world. Each *département* is represented by a number. The numbers are in alphabetical order so 01 represents Aisne and 84 is Vaucluse. You can tell which *département* someone lives in when you look at their postcode. For example, Monsieur le Président de la République, Palais de l'Elysée, 55, rue du faubourg Saint-Honoré 75008 Paris.

1 À deux, parlez des endroits en France que vous connaissez déjà.
In pairs, talk about any places or geographical features in France that you know about already.

2 **a** Écris les numéros, trouve les solutions et écris-les en mots.
Write the numbers, do the calculations and write them in words.

1 cinquante plus neuf = *cinquante-neuf*
2 vingt plus cinq =
3 trente plus quatre =
4 dix-neuf plus sept =
5 cinquante plus dix =
6 quatre-vingt moins dix =
7 quatre-vingt-quinze moins cinq =
8 quatre-vingt-cinq moins huit =
9 quatre-vingt-dix moins deux =
10 quatre-vingt-dix-neuf moins cinq =

b Écoute et vérifie tes réponses.

c À deux, posez des questions.

Exemple

A Cinquante plus neuf – ça fait combien?   **B** Cinquante plus neuf – ça fait cinquante-neuf.

Module 3: Ta mission...

- Use adjectives correctly
- Use the imperfect tense to describe what someone used to look like
- Talk about how people make me feel, what they are like and how well we get on
- Use a wider range of reflexive verbs
- Talk about climates and natural surroundings
- Use comparatives and superlatives

- Learn more about francophone countries
- Use the imperative, including plural and reflexive forms
- Talk about life in rural and urban areas
- Use phrases in the imperfect tense
- Use the imperfect tense to describe what life was like in the past
- Compare advantages and disadvantages of the past and present

Objectifs
- Use adjectives correctly
- Use the imperfect tense to describe what someone used to look like

Langue et grammaire

Adjectives that come before the noun

You know that adjectives usually come after the noun they are describing, for example *les yeux verts*. However, some very common adjectives come before the noun, for example:

Elle a une petite bouche.	She has a small mouth.
Il a un gros ventre.	He has a fat stomach.

Using the imperfect tense

The imperfect tense can be used to describe someone in the past. You've already learned how to use *c'était* to say what something was like. Now look at the verb *avoir* (to have) in the imperfect tense:

j'avais	I had
tu avais	you had
il/elle/on avait	he/she/we had

Use *avoir* in this tense to describe what someone or something had in the past. For example:

Il avait les yeux verts.	He had green eyes.

Using the correct form of an adjective

Remember to think hard about which form of an adjective you need to use. First check if the noun you are describing is masculine or feminine, and then ask yourself whether it is singular or plural. For example:

a small hand	small hands
a hand = *une main* (feminine, singular)	hands = *des mains* (feminine, plural)
small = *petit* (m), *petite* (f)	small (plural) = *petits* (m), *petites* (f)
= *une petite main*	= *de petites mains*

1 a Associe les images avec les phrases.
Match the pictures with the sentences.

b Écoute pour vérifier tes réponses.

A 　B 　C 　D 　E

1 Elle est plutôt petite et elle a un grand nez.

2 Il a un très long nez.

3 Il a un gros ventre.　**4** Elle a de longues jambes.

5 Il a de très petits yeux.

2 Regarde les images de l'exercice 1. Parlez à deux.
Look at the pictures in exercise 1. Speak in pairs.

Exemple

A Il a un… / Il a de(s)…

B C'est l'image A?

A Oui/Non.

Vocabulaire

le ventre	stomach, belly
l'apparence (f)	appearance
plutôt	quite
connu(e)	well-known, recognised

Dessine deux têtes.
Écoute et dessine les personnages.
Draw the outline of two heads.
Listen and draw the characters.

a Regarde les images et lis le texte.
Quelle est l'image de Cyrano de Bergerac
et quelle est l'image de Charles de Gaulle?
Look at the pictures and read the text.
Which one is Cyrano de Bergerac
and which is Charles de Gaulle?

b Trouve le français.
Find the French.

1 Abdou thinks he is too small.

2 He has a big nose.

3 We are all different.

4 Cyrano de Bergerac had a very big nose.

5 Charles de Gaulle had big ears.

c Maintenant traduis ces phrases en français.
Now translate these sentences into French.

1 Abdou thinks that he has big feet.

2 Charles de Gaulle had a big nose.

Regarde la photo de Lucas et Max et remplis les blancs.
Puis écoute et vérifie tes réponses.

pieds   C'était   longues   grande
nez   longs

Regarde la photo de Max! C'était pendant
l'été quand nous sommes allés à un petit musée
des sciences. C'était génial! Regarde, il était
mince et il avait de _____ jambes et de
_____ bras mais il avait de petits _____. Il avait
une _____ tête et un gros _____! _____ drôle!

Écris une description de la photo de Lucas. ⭐
Write a description of the photo of Lucas.

Exemple

Regarde, il avait...

Voie express

It's important that you know which
adjectives are used before the noun
instead of after. Learn which ones they
are so that you can use them correctly in
future. It's also important that you know
how to form the verb *avoir* in the
imperfect tense to describe things in the
past. Find a picture of a cartoon character
or of a famous person from history and
write or record a description of them.

Abdou, mon copain, pense qu'il est
trop petit et qu'il a un grand nez et
de grands pieds. Mais moi, je pense
qu'on est tous différents – ce n'est
pas important tout ça! Il y a des
personnages célèbres qui sont
connus pour leurs apparences
physiques! Par exemple, Cyrano de
Bergerac – il avait un très grand nez –
et Charles de Gaulle avait de grandes
oreilles et un grand nez.

a   b

Objectifs
- Talk about how people make me feel, what they are like and how well we get on
- Use a wider range of reflexive verbs

Langue et grammaire

Reflexive verbs

You know quite a few reflexive verbs, for example *s'appeler*, *se lever*. Look again at the reflexive pronouns that you use for each part of the verb *se lever* (to get up):

je me lève	nous nous levons
tu te lèves	vous vous levez
il/elle/on se lève	ils/elles se lèvent

When you're using a reflexive verb in a negative sentence the reflexive pronoun and the verb remain together. The two words which form the negative (*ne … pas*, *ne … jamais*, etc.) go around the reflexive pronoun and the verb.

Je ne me lève pas.
Nous ne nous levons pas.
Ils ne se lèvent pas.

Disjunctive pronouns

A disjunctive pronoun is used after certain prepositions, such as *avec* (with) and *à* (to).

Tu peux venir avec moi.	You can come with me.
Je veux aller avec toi.	I want to go with you.
Je m'entends bien avec lui.	I get on well with him.
Il s'entend bien avec elle.	He gets on well with her.

They can also be used for emphasis:
Moi, je suis choqué.	Me, I'm shocked.

Pronunciation

Remember that some adjectives are pronounced differently in their masculine and feminine forms, for example *furieux* and *furieuse*.

---

 1 Compléte les phrases avec l'adjectif correct de la liste de Vocabulaire.
Complete each sentence with the correct form of the adjective from the Vocabulaire.

1 Il est fr___ 2 Elle est r___ 3 Il est ch___ 4 Elle est fu___

5 Elle est fi___ 6 Il est d___ 7 Il est ir___ 8 Elle est ép___

 2 À deux, jouez un jeu de mémoire.
In pairs, play this memory game.

Exemple

A Émoticône numéro 3.

B Il est choqué?

A Oui, il est choqué. / Non, devine encore.

Vocabulaire

irrité(e)	irritated
furieux(–euse)	furious
épuisé(e)	exhausted
frustré(e)	frustrated
choqué(e)	shocked
ravi(e)	delighted
déçu(e)	disappointed
fier (m) / fière (f)	proud
généreux(–euse)	generous
égoïste	selfish
créatif(–ive)	creative
autoritaire	bossy
bouder	to sulk
rigoler	to laugh
s'énerver	to get cross
s'entendre	to get on
s'amuser	to have fun
gagner	to win
casser	to break

3 Choisis le bon émoticône de l'exercice 1 pour chaque message chat.

Choose the correct emoticon from exercise 1 for each chat message.

Abdou

Mon petit frère a
cassé ma guitare!

Q1

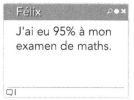

Félix

J'ai eu 95% à mon
examen de maths.

Q1

Justine

Nous avons fait
50 km à vélo!

Q1

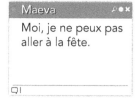

Maeva

Moi, je ne peux pas
aller à la fête.

Q1

4 Lis le texte. Vrai ou faux?

a Lucas's little brother is called Max.

b Lucas doesn't get on very well with him.

c Max is generous and very creative.

d Lucas and Max sometimes argue.

e Max and his brother are always laughing.

Max, mon petit frère?
Je m'entends très bien avec lui.
Il est généreux et je pense qu'il
est très créatif. Nous nous
amusons beaucoup et nous ne
nous disputons jamais – on rigole
tout le temps!

5 a Mets les lettres dans le bon ordre et remplis
les blancs avec les mots dans l'ordre donné.

*Put the letters in the correct order to make
the words to fill the gaps in the order listed.*

tdennse	pisdunots	rauotiierat
ïgeotsé	edubo	revneé

Lucie, ma grande sœur? Je ne
m'___ pas très bien avec elle en
ce moment. Nous nous ___ tout le
temps. Moi, je crois qu'elle est
trop ___ et trop ___ – elle pense
qu'elle est la plus importante. En
plus, elle ___ souvent et elle
s'___ facilement.

b Écoute pour vérifier tes réponses.

6 Écoute et remplis les blancs en
français, puis traduis en anglais.

Kimi, mon petit frère? Il est un
peu ___ et je pense qu'il est ___.
Moi, je m'entends assez bien
avec ___. De temps en temps
nous nous disputons mais il est
___ et on rigole souvent. En plus,
il ne boude jamais et nous nous
___ ensemble.

Voie express

Have you learned the new adjectives that
are listed in the *Vocabulaire*? Arrange
them into two lists – positive and
negative – and use a dictionary to add
any others you can think of. Do you feel
confident about using reflexive verbs in
negative sentences as well as in
affirmative sentences? Write a negative
sentence for each of the reflexive verbs in
the *Vocabulaire*.

7 Écris un paragraphe. Décris tes relations
avec quelqu'un.

*Write a paragraph. Describe your
relationship with someone.*

Objectifs
- Talk about climates and natural surroundings
- Use comparatives and superlatives

Langue et grammaire

Using comparatives – a reminder

Use comparatives to compare things, e.g. to say that something is bigger, smaller, more interesting or less beautiful. To form a comparative you use *plus* or *moins* before an adjective.

plus froid colder *plus beau* more beautiful

moins chaud less hot
moins important less important

Using superlatives

Use superlatives when you want to say something is the best, the biggest, the most beautiful, and so on. You form a superlative like this:
definite article (*le*, *la* or *les*) + *plus/moins* + adjective

Here are some examples:
the prettiest
le plus joli / la plus jolie / les plus jolis / les plus jolies
the least interesting
le moins intéressant / la moins intéressante / les moins intéressants / les moins intéressantes
the most intelligent boy/girl/children
le garçon le plus intelligent / la fille la plus intelligente / les enfants les plus intelligents

Pronunciation

Make sure you pronounce cognates and near cognates correctly. Some are pronounced similarly to English, for example *la baie* but some are different, such as *le climat* and *un glacier*.

a Lis la réponse de Luyen et trouve une phrase pour décrire le temps dans chaque image.

Read Luyen's reply and find a phrase to describe the weather in each picture.

1  2  3  4

Vocabulaire

l'endroit (m)	a place
fascinant(e)	fascinating
haut(e)	high
varié(e)	varied
la mousson	monsoon
le typhon	typhoon
le climat	the climate
humide	humid
la zone humide	wetland
le glacier	glacier
la dune	sand dune
la baie	bay

sujet: Bonjour!

à partir: <u>Maeva</u> (maeva@monemail.fr)   participants: 👤 <u>Maeva</u>, 👤 <u>Luyen</u>

Salut Luyen!
J'ai une question pour toi sur le Vietnam. J'imagine qu'il fait chaud et qu'il y a du soleil tout le temps au Vietnam. C'est vrai? xM

à partir: <u>Luyen</u> (luyen@monemail.vn)   participants: 👤 <u>Luyen</u>, 👤 <u>Maeva</u>

Salut Maeva!
Mais non, ce n'est pas vrai. Au Vietnam nous avons un climat très varié. Dans le sud il fait très chaud et il y a beaucoup de soleil. Mais, pendant la mousson d'été, il pleut beaucoup et il fait très humide. Dans le nord il fait moins chaud et il pleut plus pendant la mousson d'hiver. En plus, entre juillet et novembre, il y a des typhons! Il y a des montagnes dans le nord aussi où il fait froid en hiver et quelquefois il neige. Et chez toi, en France – le climat est comment? xL

b Trouve le français pour ces phrases dans le texte.

1 a very varied climate   2 it's very humid   3 it's cooler

4 it rains more   5 it's cold in winter

Regarde les images pour compléter la réponse de Maeva.

Look at the pictures to complete Maeva's reply.

1   2   3   4   5   6

En France, dans le **1**_____ , en général **2**_____ assez souvent – surtout en hiver. Dans le **3**_____ il pleut **4**_____ et en été **5**_____ et **6**_____.

Écoute et corrige les erreurs. (1–8)

Listen and correct the mistakes.

> C'est comment au Vietnam, Luyen?

> Mon pays est très beau. L'endroit le plus cool c'est la baie de Ha Long. À mon avis c'est la baie la moins jolie du monde. C'est une baie où il y a beaucoup de grandes îles. Et en Italie, Maeva, c'est comment?

> Mon pays est très grand aussi. À mon avis l'endroit le moins intéressant c'est le Mont Blanc. C'est la montagne la moins petite d'Europe et je pense que c'est l'endroit le moins impressionnant aussi.

Voie express

Make sure you know how to use *plus* and *moins* to compare things. When you can do this and have learned the vocabulary, spend some time researching and writing about a Francophone country, its climate and its places of outstanding beauty or importance. You may need to use a dictionary. Create a poster to show what you find out.

a Choisis les bonnes images pour les endroits que Maeva et Luyen décrivent.

Choose the correct pictures for the places Maeva and Luyen describe in exercise 3.

1   2  3   4

b Traduis les expressions anglaises pour compléter les descriptions. Associe les phrases et les images.

Translate the English phrases to complete the descriptions. Match them with the correct pictures. 1 *most interesting* 2 *longest* 3 *most impressive* 4 *biggest*

> À mon avis, l'endroit le **1**___ en France c'est les Volcans d'Auvergne – je pense que c'est la chaîne de volcans la **2** ___ dans le monde.

> À mon avis, l'endroit le **3** ___ en France c'est la Camargue – je pense que c'est la zone humide la **4** ___ en Europe.

Fais des recherches sur ces endroits et écris des paragraphes comme ceux de l'exercice 4. ⭐

Research these places and write paragraphs like the ones in exercise 4.

La mer de glace

La dune de Pilat

La forêt des Landes

Objectifs
- Learn more about francophone countries
- Use the imperative, including plural and reflexive forms

Langue et grammaire

Using the imperative to give advice

You've already seen how you can use the imperative to give advice or orders to a group of people. Remember that one way of doing this is to use the *vous* form of a verb without the personal pronoun. For example:

Partez immédiatement. Leave immediately.
Venez tout de suite. Come straight away.

You can combine use of the imperative with the comparatives that you learned in the previous topic to give detailed instructions:

Allez plus vite. Go faster.
Allez moins vite. Slow down.

If the verb is a reflexive verb, for example *se lever*, you must still include the reflexive pronoun:

Levez-vous plus tôt. Get up earlier.
Couchez-vous plus tôt. Go to bed earlier.

a Regarde la liste de Vocabulaire et trouve le bon mot pour chaque image.
Look at the Vocabulaire and find the correct word for each picture.

a b  c  d  e f

b Écoute et ècris la bonne lettre, et les pays mentionnès.
Listen and write the correct letter, and the names of the countries mentioned.

Exemple

1 **c** à Madagascar, aux États-Unis

c Écoute encore. Associe les mots anglais avec les dessins.
Listen again. Match the English words with the pictures.

1 sometimes   2 a risk of   3 every year

4 very often   5 from time to time

Vocabulaire

l'ouragan (m)	hurricane
l'avalanche (f)	avalanche
le tremblement de terre	earthquake
l'incendie (de forêt) (m)	(forest) fire
l'inondation (f)	flood
le tsunami	tsunami
le cyclone	cyclone
la vague	wave
le risque	risk
la flamme	flame
le terrain	ground
se rappeler	to remember
garder	to keep
hésiter	to hesitate
en cas de	in case of
élevé(e)	elevated
chaque année	every year
potable	safe to drink

Parlez à deux.
Speak in pairs.

Exemple

A Est-ce qu'il y a des dangers

au   Canada/Sénégal/Japon/Vietnam/Bangladesh

en   France/Haïti/Algérie/Martinique

à   Madagascar

aux   États-Unis?

B Oui, au/en/à/aux… il y a…

Lis les prospectus et choisis les bonnes options, 1 ou 2.
Read the flyers and choose the correct options, 1 or 2.

En cas d'ouragan
Restez à l'intérieur de la maison.
Écoutez la radio pour avoir plus d'informations.
Ne restez pas près des fenêtres ou des portes.

En cas d'incendie de forêt
Rentrez dans la maison avec toute la famille.
Fermez les portes et les fenêtres.
Ne sortez jamais de la maison pendant le passage des flammes.
Rappelez-vous que l'incendie de forêt passe vite (de 20 à 50 mètres à la minute).

a In the event of a hurricane…
 1 don't stay at home.
 2 stay inside.

 1 listen to music to keep calm.
 2 stay away from windows and doors.

b In the event of a forest fire…
 1 close the doors and windows.
 2 call your family.

 1 stay inside until the fire has passed by.
 2 remember that a forest fire moves very slowly.

En cas d'avalanche
Allez vers le côté de l'avalanche.
Gardez la bouche fermée.
Attrapez une branche ou quelquechose de solide.

En cas de tsunami
Allez immédiatement vers le terrain le plus élevé.
N'hésitez pas – quittez immédiatement la plage.
Rappelez-vous que la prochaine vague peut être plus grande que la première vague.

c In the event of an avalanche…
 1 go to the coast.
 2 keep your mouth closed.

 1 get hold of a branch.
 2 go in front of the avalanche.

d In the event of a tsunami…
 1 remember that the second wave may be bigger than the first.
 2 move along to a different part of the beach.

 1 take your time to decide what to do.
 2 go immediately towards the highest ground.

Trouve le français pour ces instructions dans les textes.
Find the French for these instructions in the texts.

1 Go back
2 Never go out
3 Remember
4 Don't hesitate
5 Leave
6 Go towards
7 Keep
8 Get hold of
9 Stay
10 Listen

Traduis les conseils pour faire un autre prospectus. ★
Translate the advice to make another flyer.

In the event of a flood
• Find the highest ground OR stay inside the house.
• Listen to the radio for information.
• Remember that the water is not clean.

Voie express

There are a lot of new words to learn in this topic. When you know these, you will be able to talk about one of the main issues affecting Francophone countries everywhere – our changing climate. When you have learned all the vocabulary, find out which countries are most at risk of natural disasters. Create a leaflet for travellers to tell them about the dangers they may face and give them advice about what they should do in the event of a disaster.

Objectifs
- Talk about life in rural and urban areas
- Use phrases in the imperfect tense

Langue et grammaire

The imperfect tense

The imperfect tense is used to describe a past situation or to talk about what you used to do in the past. You form it like this:

1 Take the *nous* form of the present tense, e.g. *habitons*

2 Remove *–ons* so you are left with the stem, e.g. *habit–*

3 Finally, add one of the following endings:

je	–ais	nous	–ions
tu	–ais	vous	–iez
il/elle/on	–ait	ils/elles	–aient

Look at these examples:

J'habitais au Vietnam.	I used to live in Vietnam.
Léa habitait à Montréal.	Léa used to live in Montreal.
Nous habitions à Dakar.	We used to live in Dakar.
Ils habitaient en Italie.	They used to live in Italy.

Être and avoir in the imperfect tense

You have already met the expression *c'était*. As you can see, the stem for the verb *être* is not formed in the usual way. The stem for *être* in the imperfect tense is *ét–*. Look at this example:
Quand j'étais jeune, j'habitais en France.
When I was young, I used to live in France.
You will also often come across the imperfect form of *avoir*, especially in the phrases *il y avait* (there was/were) and *il n'y avait pas* (there wasn't/weren't).

Pronunciation

Listen carefully to how the imperfect verb endings are pronounced. Can you hear the difference between the *–é* and the *–ais* in *étais*?

a Écoute. Vrai ou faux? (1–5)

1 Manon used to live on the coast.

2 Manon used to live in the south-east of France.

3 Manon used to live in a small town.

4 Manon thinks everything about living there was great.

5 Manon thinks it was peaceful there.

b Écoute encore. Pour chaque image choisis 'Il y avait' ou 'Il n'y avait pas'.

Listen again. For each picture choose Il y avait or Il n'y avait pas.

Vocabulaire

l'espace (m)	space
l'école secondaire (f)	secondary school
la circulation	traffic
la pollution	pollution
les distractions	distractions
la voiture	car
l'inconvénient (m)	disadvantage
maintenant	now
avant	before
urbain(e)	urban
rural(e)	rural
ni ... ni ...	neither ... nor ...
là où	where

	Avant
Il y avait	un
	une
Il n'y avait pas	beaucoup de
	beaucoup d'

c Copie et complète le tableau avec tes réponses de la partie b.

Copy and complete the table using your answers from part b.

2 Parlez à deux et faites des prédictions pour là où Manon habite maintenant.
In pairs, make predictions for where Manon lives now.

A À mon avis, là où elle habite maintenant il y a / il n'y a pas...

B Oui je suis d'accord / Non, je ne suis pas d'accord. À mon avis...

a Écoute. Vrai ou faux? (1–5)

1 Manon doesn't have as many friends as she used to.

2 Manon thinks that where she lived before was more beautiful.

3 There is more pollution where she lives now.

4 She had more entertainment near to her old house.

b Écoute et remplis un tableau 'Maintenant'.
Listen and fill in a Maintenant version of the table in exercise 1.

> ### Voie express
> Make sure you know how to form the imperfect tense. Complete exercise 4 and show your work to your teacher. If your teacher agrees, imagine that you used to live on another planet and produce a presentation or write a story in which you describe what it used to be like there.

4 Imagine que maintenant tu habites un endroit idéal. Écris un paragraphe pour décrire l'endroit où tu habitais avant et là où tu habites maintenant.
Imagine that you live in an ideal location. Write a paragraph about where you used to live and where you live now.

beaucoup de   trop de

Exemple

Avant j'habitais ... Il y avait ... Il n'y avait pas ...

Maintenant j'habite à ... Il y a ... Il n'y a pas ...

> La vie rurale – ce n'est pas toujours facile!

5 Choisis la bonne phrase à droite pour compléter les phrases de Manon.
Choose the correct phrase on the right to finish Manon's sentences.

a Comme il n'y a pas beaucoup de magasins

b Comme il n'y a pas de centre sportif

c Comme il n'y a pas d'école secondaire

d Comme il n'y a pas d'hôpital

1 il faut aller en ville pour jouer au basketball.

2 il faut aller en ville pour aller au collège.

3 il faut aller en ville si on est malade.

4 il faut aller en ville pour faire les courses.

6 Choisis la bonne phrase à droite et traduis-la pour compléter les phrases. ★
Choose the correct phrase on the right and translate it to complete the sentences.

a Comme il n'y a pas de cinéma

b Comme il n'y a pas de poste

c Comme il n'y a pas de piscine

d Comme il n'y a pas de bibliothèque

1 you have to go to town to buy stamps.

2 you have to go to town to see a film.

3 you always have to buy books.

4 you have to swim in the river.

Objectifs
- Use the imperfect tense to describe what life was like in the past
- Compare advantages and disadvantages of the past and present

Langue et grammaire

The imperfect tense

Here are some more verbs in the imperfect tense. Look at Topic 5 to remind yourself of how they are formed.

infinitive	present tense nous form	stem for imperfect tense
faire	nous faisons	fais–
manger	nous mangeons	mange–

Remember to use these verb endings:

je	–ais	nous	–ions
tu	–ais	vous	–iez
il/elle/on	–ait	ils/elles	–aient

Je faisais de la gym. — I used to do gymnastics.
Il mangeait plus de légumes. — He used to eat more vegetables.

When you are using a reflexive verb, don't forget the reflexive pronoun:

je **me** levais — nous **nous** levions
tu **te** levais — vous **vous** leviez
il/elle/on **se** levait — ils/elles **se** levaient

---

 1 Trouve les verbes à l'imparfait. Regarde les images et remplis les blancs avec le bon verbe.

Find the verbs in the imperfect tense in the wordsnake. Fill the gaps with the correct verb form.

mangeaitallaitécoutaitcouchaisrentraitlevaisfaisaisjouais

a je me…

b je me…

c il…

d elle…

e on…

f je … mes devoirs

g on…

h je…

Vocabulaire

sainement	healthily
complètement	completely
savoir	to know
envoyer	to send
pique-niquer	to have a picnic
inventer	to invent
le fast-food	fast-food restaurant
la santé	health
l'imagination (f)	imagination
tous les matins	every morning
dehors	outside
mieux	better
d'un côté	on one hand

---

 2 a Écoute et associe les verbes avec la bonne expression.

Listen and match the verbs with the correct time and frequency phrase.

1 je me levais   **2** je mangeais   **3** j'allais   **4** je faisais   **5** je me couchais

A toujours   **B** normalement   **C** le soir   **D** tous les matins   **E** souvent

b Lis et écoute encore. Vrai ou faux?

1 Lucas's grandfather used to get up at 6 o'clock every morning.

2 He always ate breakfast in the kitchen.

3 He often went to school with his little brother.

4 In the evenings, he used to do his homework.

5 He usually went to bed about 10 o'clock.

 3 Écoute. Associe chaque photo avec la première partie et la deuxième partie pour compléter la phrase.
Listen. Match each photo with the correct beginning and ending to create a sentence.

Voie express

To help you master the imperfect tense quickly, have a go at this practice drill. Make a list of at least ten verbs that you can think of. Next to each one write the *nous* form of the present tense to create the stem of the imperfect. For each one write a sentence beginning with *je*, then with *tu*, etc. until you have practised each one in all forms of the imperfect.

a    **b**    **c**    **d**

1 L'Internet n'existait pas, donc...

2 Mes parents n'avaient pas de voiture, donc...

3 Il n'y avait pas de fast-foods, donc...

4 On n'avait pas de télévision, donc pour s'amuser...

a on mangeait plus sainement.

b on envoyait toujours des lettres pour communiquer.

c tous les jours j'allais au collège à pied.

d on jouait souvent dehors.

4
a Remplis la première colonne en traduisant les informations de l'exercice 3. ⭐
Fill in the first column by translating the information from exercise 3.

b Écoute encore. Remplis le tableau en anglais.
Listen again. Fill in the rest of the table in English.

differences	positives	negatives
There were no fast-food restaurants so we used to eat more healthily.		

5
a Décris l'image de la grand-mère de Lucas à l'âge de 18 ans. ⭐
Describe the picture of Lucas's grandmother at the age of 18.
Use the words below but try to add extra details.

avait   écoutait   une mini-jupe   la musique pop   les cheveux longs

b Imagine la vie d'une personne d'une autre époque. Écris un paragraphe pour décrire leur vie.
Imagine the life of someone from another period of history. Write a paragraph about their life.

Langue et grammaire

Adjectives that come before the noun

You know that adjectives usually come after the noun they are describing, e.g. *les yeux verts*. However, some very common adjectives come before the noun, e.g.:

Elle a une petite bouche.　　She has a small mouth.
Il a un gros ventre.　　He has a fat stomach.

Using the correct form of an adjective

Remember to check if you need the masculine or feminine, singular or plural form of the adjective. For example:

a small hand
a hand = *une main*
　(feminine, singular)
small = *petit* (m), *petite* (f)
　= *une petite main*

small hands
hands = *des mains*
　(feminine, plural)
small (plural) = *petits* (m),
　petites (f)
　= *des petites mains*

Reflexive verbs

You know quite a few reflexive verbs, for example *s'appeler, se lever*. Look again at the reflexive pronouns that you use for each part of the verb *se lever* (to get up):

je me lève　　　*nous nous levons*
tu te lèves　　　*vous vous levez*
il/elle/on se lève　　*ils/elles se lèvent*

When you're using a reflexive verb in a negative sentence the reflexive pronoun and the verb remain together. The two words which form the negative (*ne ... pas, ne ... jamais*, etc.) go around both words:
Je ne me lève pas.　　I do not get up.

Disjunctive pronouns

A disjunctive pronoun is used after certain prepositions, such as *avec* (with) and *à* (to).
Tu peux venir avec moi.　　You can come with me.

Using superlatives

Use superlatives when you want to say something is the best, the biggest, the most beautiful, etc. You form a superlative like this: definite article (*le, la* or *les*) + *plus/moins* + adjective

• the prettiest
　le plus joli / la plus jolie / les plus jolis / les plus jolies

• the least interesting
　le moins intéressant / la moins intéressante / les moins intéressants / les moins intéressantes

Using the imperative to give advice

You can combine use of the imperative with comparatives to give detailed instructions:
Allez moins vite.　　Slow down.

If the verb is a reflexive verb, you must still include the reflexive pronoun:
Levez-vous plus tôt.　　Get up earlier.

Avoir in the imperfect tense

The imperfect tense is used to describe a situation in the past. Look at the verb *avoir* (to have) in the imperfect tense:

j'avais　　　I had
tu avais　　　you had
il/elle/on avait　　he/she/we had

For example:
Il avait les yeux verts.　　He had green eyes.

Forming the imperfect tense

The imperfect tense is used to describe a past situation or to talk about what you used to do in the past. You form it like this:

1 Take the *nous* form of the present tense, e.g. *habitons*
2 Remove *–ons* so you are left with the stem, e.g. *habit–*
3 Finally, add one of the following endings:

je –ais　　　*nous –ions*
tu –ais　　　*vous –iez*
il/elle/on –ait　　*ils/elles –aient*

Look at these examples:
J'habitais au Vietnam.　　I used to live in Vietnam.
Léa habitait à Montréal.　　Léa used to live in Montreal.
Nous habitions à Dakar.　　We used to live in Dakar.

Être in the imperfect tense

You have already met the expression *c'était*. As you can see, the stem for the verb *être* is not formed in the usual way. The stem for *être* in the imperfect tense is *ét–*.

Quand j'étais jeune,　　When I was young, I used
　j'habitais en France.　　to live in France.

Reflexive verbs in the imperfect tense

When you are using a reflexive verb in the imperfect tense, don't forget the reflexive pronoun:
je **me** *levais*　　　*tu* **te** *levais*

Vocabulaire

Les verbes

bouder
rigoler
s'énerver
s'entendre
s'amuser
gagner
casser
se rappeler
garder
hésiter
savoir
envoyer
pique-niquer
inventer

Les adjectifs

connu(e)
irrité(e)
furieux(–euse)
épuisé(e)
frustré(e)

choqué(e)
ravi(e)
déçu(e)
fier (m) / fière (f)
généreux(–euse)
égoïste
créatif(–ive)
autoritaire
fascinant(e)
haut(e)
varié(e)
élevé(e)
humide
potable
urbain(e)
rural(e)
mieux

Les noms

la mousson
le typhon
le climat

la zone humide
le glacier
la dune
la baie
l'ouragan (m)
l'avalanche (f)
le tremblement de terre
l'incendie de forêt (m)
l'inondation (f)
le tsunami
le cyclone
la vague
le risque
la flamme
le terrain
le ventre
l'apparence (f)
l'endroit (m)
l'espace (m)
l'école secondaire (f)
la circulation

la pollution
les distractions
la voiture
l'inconvénient (m)
le fast-food
la santé
l'imagination (f)

Les mots utiles

plutôt
maintenant
sainement
complètement
dehors
tous les matins
chaque année
avant
en cas de
ni ... ni ...
là où
d'un côté

Mission accomplie?

I can...

☐ Use adjectives correctly

☐ Use the imperfect tense to describe what someone used to look like

☐ Talk about how people make me feel, what they are like and how well we get on

☐ Use a wider range of reflexive verbs

☐ Talk about climates and natural surroundings

☐ Use comparatives and superlatives

☐ Learn more about Francophone countries

☐ Use the imperative, including plural and reflexive forms

☐ Talk about life in rural and urban areas

☐ Use phrases in the imperfect tense

☐ Use the imperfect tense to describe what life was like in the past

☐ Compare advantages and disadvantages of the past and present

J'en ai marre!	I've had enough!
tourner un film	to make a movie
metteur en scène	director
méchant(e)	mean

Dimanche

Je suis furieuse! Elle m'énerve – mais, elle M'ÉNERVE!!!!!! Normalement je pense que j'ai beaucoup de patience – je suis calme et plutôt relax. Mais avec Lucie – grande sœur charmante – j'en ai marre! Pourquoi? Continue à lire...

Ce matin – dimanche matin – je m'ennuyais. Mes amis ne pouvaient pas sortir et mes parents travaillaient dans le jardin. Lucie s'ennuyait aussi alors nous avons décidé de tourner un film. Nous avons écrit une petite histoire et nous sommes allées au parc pour filmer. C'était bien – on rigolait et on s'amusait. Moi, je filmais et j'avais aussi le rôle de metteur en scène. Lucie avait le rôle d'acteur et, au début, elle jouait bien.

Puis, elle a essayé de prendre mon rôle aussi. Et on s'est disputé. Finalement, elle a essayé de prendre la caméra vidéo... la caméra vidéo est tombée par terre et, bien sûr, elle s'est cassée! Quelle catastrophe! Je déteste ma sœur – elle est autoritaire, méchante et impatiente!

a Regarde les listes de verbes. Choisis le bon titre pour chaque liste. À deux, expliquez vos choix.

Look at the two lists of verbs. If you were translating the expressions in the lists into French, which French tense would you use as a title for each column? In pairs, explain your choices.

Imperfect tense

Perfect tense

| We were laughing. |
| It was good. |
| I was filming. |
| We were having fun. |

| We decided. |
| We went. |
| She tried. |
| The video camera fell. |

b Choisis la bonne définition pour chaque titre.

Choose the correct definition for each title.

1 This tense is used to talk about finished actions in the past.

2 This tense is used to describe what was happening or what things used to be like.

a Trouve dans le texte les verbes de l'exercice 1.

Find the French for the verbs in exercise 1 in the text.

b Choisis la traduction correcte.

Choose the correct translation.

1 I was laughing   **A** J'ai rigolé   **B** Je rigolais

2 She was filming   **A** Elle a filmé   **B** Elle filmait

3 I was having fun   **A** Je me suis amusé(e) **B** Je m'amusais

4 I decided   **A** J'ai décidé   **B** Je décidais

5 I went   **A** Je suis allé(e)   **B** J'allais

6 I tried   **A** J'ai essayé   **B** J'essayais

Trouve les six adjectifs anglais et puis, dans l'agenda de Justine, les six adjectifs français qui correspondent.

Find the six English adjectives and then the six corresponding French adjectives from Justine's diary.

Exemple

calm – calme

mean bossy calm
impatient calm laid-back charming
laid-back mean bossy
charming impatient
bossy mean

Vrai ou faux?

1 Justine is very angry.

2 Justine thinks she is quite an impatient person.

3 Her parents were working in the garden.

4 Her friends didn't want to go out.

5 Justine and her sister were bored.

Mets les phrases dans le bon ordre selon l'agenda de Justine.

Put the following sentences in the correct order according to Justine's diary.

a We went to the park.   **b** We were laughing.

c We wrote a story.   **d** We decided to make a movie.

e Lucie was acting well.   **f** I was filming.

Écris un résumé du dernier paragraphe en anglais.

Write a summary of the last paragraph in English.

En cas de tremblement de terre
8 conseils à suivre...

Pendant le séisme

Protégez-vous la tête!

Mettez-vous sous une table le plus vite possible.

Évitez l'incendie!

Coupez le gaz dès que possible.

N'évacuez pas les bâtiments!

Restez à l'intérieur. C'est plus dangereux dehors.

Ouvrez les portes et les fenêtres!

Préparez une sortie pour après les secousses.

Après le séisme

Dehors, éloignez-vous des murs!

Restez loin des bâtiments, et des autres structures – ils risquent toujours de tomber.

N'écoutez pas la rumeur!

Écoutez les informations officielles des pompiers, de la police et des médias.

Portez secours!

Aidez les personnes blessées.

Évitez les débris!

Faites attention où vous marchez pour ne pas vous blesser.

Lis les titres et le prospectus. Réponds aux questions.
Read the titles and the leaflet. Answer the questions.

1 What is the leaflet for?

2 What two different French terms are used for 'earthquake'?

3 Why is the *vous* mode of address being used?

 Trouve les mots français pour les instructions suivantes.
Find the French for these instructions.

a help	b move away
c stay	d open
e avoid	f protect
g prepare	

Vocabulaire

le séisme	earthquake
le pompier	fireman
la secousse	shock
secours	help
marcher	to walk
se blesser	to hurt yourself
s'éloigner de…	to move away from…
loin	far
dès que	as soon as

 Choisis la ou les bonne(s) lettre(s) pour compléter chaque conseil.
Choose the correct letter(s) to complete each piece of advice.

In the event of an earthquake, the flyer says to…

1 Move away from	a	other people	b	walls
2 Help	a	injured people	b	your family
3 Stay	a	with your friends	b	indoors
4 Open	a	your mouth	b	windows and doors
5 Avoid	a	animals	b	a fire
6 Protect	a	your belongings	b	your head
7 Prepare	a	a way out for after the tremors	b	a meal for after the tremors

 Lis encore le prospectus et complète les phrases anglaises. Puis, traduis les phrases.
Read the leaflet again and complete the English sentences. Then translate the sentences into French. Start each sentence with il faut *or* il ne faut pas *followed by an infinitive.*

a You should turn off…   You should turn off the gas.   *Il faut couper le gaz.*

b You shouldn't listen to…

c You shouldn't leave…

d You should get under…

e You should offer…

f You should be careful where…

g You should listen to…

La remplaçante

In groups of six, read the comic strip aloud. Work together to work out the meaning of any words that you don't know.

> QUI VEUT UN MORCEAU DE TARTE AUX POMMES – SPÉCIALITÉ NORMANDE?
>
> MERCI, UN BON SOUVENIR D'UN BON MATCH!

> DRRRRRR
> DRRR
> DRRRR
> DRRR
>
> **Oscar**
> Ma jambe est cassée. Je ne peux pas jouer dans la finale! Désolé, Oscar

> PAUVRE OSCAR. IL EST UN BON COPAIN ET UN BON CAPITAINE DE L'ÉQUIPE DE BASKET.

> ON DOIT REMPLACER OSCAR COMME CAPITAINE, ET QUELQU'UN DOIT JOUER À SA PLACE.

> LE COURS DE MATHS VA COMMENCER. ON DISCUTE DU PROBLÈME CET APRÈS-MIDI?

Résumé

C'est lundi matin après le voyage en Normandie. Abdou a acheté une tarte aux pommes, une spécialité de la région. Les garçons mangent la tarte et discutent du match de basket. Il y a un texto d'Oscar. Sa jambe est cassée et il ne va pas jouer dans la finale. Cet après-midi les garçons discutent du problème. Qui va remplacer Oscar dans l'équipe? Félix propose Manon parce qu'elle a très bien joué dans l'équipe des filles, et une équipe mixte est permise. Les autres garçons ne sont pas sûrs.

Abdou cherche Manon et propose qu'elle joue avec les garçons. Quand elle explique qu'elle a marqué 20 points en Normandie, les autres garçons sont plus contents.

Activité

Find at least one example of each of the following tenses in the comic:

- *the present tense*
- *the perfect tense*
- *the imperfect tense.*

Improving your listening skills

It is often said that the French language sounds very beautiful. That may be true but it is also true that the way French words are pronounced is not always how they look when you see them written down. Also, the French you hear on recordings, spoken by native speakers, is often much faster than the French you hear from your teacher. Those things can sometimes make listening exercises quite a challenge and you may feel that doing them in class is tricky. There are strategies you can use though to help you manage them more easily. Let's take a look!

 In pairs talk about words you know in French that are not pronounced as you would expect, and talk about how you approach listening exercises in French.

Listening for gist

Even if you can't understand **all** the words that you hear, you can try to understand the gist of what is being said. Don't worry about trying to understand everything – be confident about understanding enough of what is said to complete the task. The next exercise is an example of this. Do not expect to recognise every word, but listen for familiar clues.

 a Écoute. Quelles sont les trois images qui représentent ce que Lucas, Justine et Hugo disent? À deux, comparez vos rèponses.

Listen. Which three pictures represent what is said by Lucas, Justine and Hugo? In pairs, compare your answers.

A   B   C   D  E

b Écoute à nouveau et ècris les mots que tu as utilisè pour identifier les images. À deux, comparez vos rèponses.

Listen again and note down the words that helped you to identify the pictures. In pairs, compare your answers.

Predicting

Predicting what you might be about to hear is a very effective strategy when you are doing a listening exercise. Ask yourself what you think you are likely to hear.

- Think about what the topic is and what you already know about it. Think of any French words you might be about to hear.
- Look for clues in pictures if there are any.

Preparing

Preparing is also important and will help you to focus on what you need to know.

• Make sure you fully understand the task.

• Look for critical words in the question, such as *pourquoi* or *quand*, so that you know exactly what it is you're supposed to be finding out.

a Regarde les images et imagine les mots français que tu vas peut-être entendre.

Look at the pictures and predict the French words you think you might hear.

Regarde les images et écoute.

1 On parle de quel tableau?

2 Pourquoi Thomas n'aime pas le tableau?

b Prépare en cherchant les mots clés dans les questions. Écoute et réponds aux questions.

Prepare by looking for the critical words in the questions. Then, listen and answer the questions.

While you are listening

There are a number of things you can do that will make a listening exercise more manageable.

• Listen for key words. If you have prepared well and thought about the words you might hear during the listening activity, you can listen out for those words. You should also listen out for:

  • words that indicate an opinion is about to be given, such as *je pense que…*

  • words that indicate a negative opinion, such as *jamais*.

• Don't try to answer all the questions the first time. You will always hear a recording more than once. You could try an 'answer one, skip one' method. This helps because it gives you time to write down your answers.

a Écoute et choisis la bonne image pour chaque phase de la vie d'Émilie. Prépare pour l'exercice comme tu as fait pour l'exercice 3.

Listen and choose the correct picture for each stage of Émilie's life. Prepare for the exercise in the same way as for exercise 3.

A   B   C   1 2  3

b Écoute encore, lis les phrases et écris vrai ou faux.

Listen again, read the sentences and write true or false. Try the 'answer one, skip one' method and use clues in the questions to help you.

1 She lives in London now.

2 She used to live in a little village before.

3 The little village was very pretty.

4 She loved living in the little village.

5 The little village was too quiet.

6 The small town was more interesting than Paris.

c Écoute à nouveau. Écris une liste des mots clés que tu as utilisé pour faire a et b.

Listen again and write a list of the key words that you used to do a and b.

Il fait de la natation.

Elles font du vélo.

Il fait de l'équitation.

Ils font du judo.

Découverte du monde:

Do you practise sports and physical activities in your spare time? Which is your favourite? Are you also keen to discover new sports and activities that you haven't had the opportunity to try yet? Watch the video and see which sports are popular with young people in France and other parts of the French-speaking world.

Rollerskating is a popular activity in Paris, especially on Friday nights and Sunday afternoons when some streets are officially closed to traffic to allow roller-skating enthusiasts to have fun.

Le savais-tu?

French is one of the official languages in the Olympic Games because the seat of the International Olympic Committee is in Lausanne, in a French-speaking region of Switzerland. It is also due to the fact that the founder of the modern Olympic Games was a Frenchman called Pierre de Coubertin. The first modern Olympic Games took place in Athens in 1896, and the second in Paris in 1900. The French Olympic motto is *plus vite, plus haut, plus fort* ('faster, higher, stronger').

 1 Regarde les photos et les légendes et trouve l'équivalent français de:
Look at the photos and captions and find the French for:

judo   cycling   athletics   swimming   horse riding

 2 À deux. Regardez les photos et les légendes et discutez. Vous faites quels sports?
In pairs. Look at the photos and captions, and discuss which sports you practise.

Exemple

A Tu fais du judo?   **B** Oui, je fais du judo le jeudi soir après l'école. Et toi?

 3 Devine qui dit quoi. Compare et discute tes réponses avec ton/ta partenaire.
Guess who says what. Compare and discuss your answers with your partner.

a   b   c   d   e   f

| Antoine | Félix | Justine | Lucas | Maeva | Thomas |

a J'ai fait du ski en février. J'ai trouvé ça super!

b Je ne fais pas de sport. Je suis trop paresseux.

c L'été prochain, je ferai de l'équitation. J'adore les chevaux.

d L'année dernière, j'ai fait de la planche à voile. C'est difficile.

e Je ne suis pas sportive, mais l'été je joue au volley sur la plage.

f J'adore le sport! Je joue au foot, je fais de l'escalade et je fais du surf.

Module 4: Ta mission...

- Say what sports you and others practise
- Understand and use phrases relating to past, present and future
- Talk about urban sports and physical activities
- Use a range of verbs in the perfect tense
- Discuss sports and activities in a range of contexts
- Use dates and places when describing events in the past
- Use a range of high numbers, dates and ordinal numbers
- Talk about a major event in the French sporting calendar
- Describe an event in the past using a range of tenses
- Talk about Paralympic sports
- Recognise and use the future tense and understand the difference from the near future
- Describe future intentions and make plans

Objectifs
- Say what sports you and others practise
- Understand and use phrases relating to past, present and future

Langue et grammaire

Faire

When talking about what sport you and other people practise, you often need the verb *faire* (to do). Here is a reminder of the present tense of *faire*:

je fais	nous faisons
tu fais	vous faites
il/elle/on fait	ils/elles font

To refer to a completed action in the past, use the perfect tense:

j'ai fait	nous avons fait
tu as fait	vous avez fait
il/elle/on a fait	ils/elles ont fait

To talk about the future, use the following forms:

je ferai	nous ferons
tu feras	vous ferez
il/elle/on fera	ils/elles feront

Expressions of time

Expressions of time indicate when an action is taking place. Adjectives such as *dernier* (last) and *prochain* (next) need to agree with the noun they go with.

masculine	feminine
l'été dernier	l'année dernière
last summer	last year
le mois prochain	la semaine prochaine
next month	next week

Pronunciation

Don't forget that adding an e to the end of a word to make it feminine may change its pronunciation. For example, *prochain* and *prochaine*.

Écoute. Les sports sont mentionnés dans quel ordre? Numérote les images.

Listen. Number the images according to the order you hear the sports mentioned.

a
b
c
d
e
f
g
h

Vocabulaire

l'atelier (m)	workshop
l'acrobatie (f)	acrobatics
la musculation	muscle-building exercises
l'aviron (m)	rowing
le jogging	jogging
le volley	volleyball
demain	tomorrow
hier	yesterday
prochain(e)	next
le cheval (pl chevaux)	horse
récemment	recently

Choisis une phrase pour chaque image.
Choose a sentence for each picture.

1 Je fais du ski.

2 Je ferai de l'équitation.

3 J'ai fait de la planche à voile.

4 J'ai fait un atelier d'acrobatie.

5 Je ferai de l'aviron.

6 Mon père fait de la musculation.

7 Ma grande sœur fait de la natation!

8 Mon petit frère et ma petite sœur font du judo.

Voie express

To talk about yourself and others doing sports and physical activities, you need to know all the forms of *faire* in the present tense. Understanding time phrases and being able to tell whether people are talking about the past, the present or the future is also crucial. There are lots of sports and activities that you already know in French. Make a list of all the ones you can remember and look up any that you have forgotten.

À deux. A dit une phrase de l'exercice 2. B dit la lettre de l'image.
In pairs. A says a sentence from exercise 2. B says which picture it is.

Exemple

A J'ai fait de la planche à voile.

B C'est l'image G.

Recopie chaque verbe dans la bonne colonne.
Rewrite each verb from exercise 2 in the correct column.

Perfect	Present	Future
	Je fais	

Tu peux faire combien d'expressions de temps? Fais une liste par ordre chronologique. Commence par *l'année dernière*. Puis écris une phrase avec chaque expression.
*How many expressions of time can you make? Make a list in chronological order. Start with *l'année dernière*. Then write some sentences using each expression.*

Tu as une famille sportive ou des amis sportifs? Qu'est-ce qu'ils ont fait récemment? Qu'est-ce qu'ils feront le week-end prochain?
Do you have a sporty family or sporty friends? What did they do recently? What will they do next weekend?

Exemple

Ma famille est très sportive. Hier, nous avons fait de la natation. Le week-end prochain, mon père jouera au golf. Mon frère…

Objectifs
- Talk about urban sports and physical activities
- Use a range of verbs in the perfect tense

Langue et grammaire

The perfect tense

You already know how to make simple forms of the perfect tense, using the present tense of *avoir* with the past participle of the verb you want to use.

J'ai sauté.	I jumped.
Il a escaladé.	He climbed.
Elle a couru.	She ran.

You also know that *aller* makes its perfect tense with the present tense of *être* rather than *avoir*.

Je suis allé(e)   I went

Pronunciation

Remember that these past participles are pronounced the same way, even if you have added an *e* or an *s*. The extra letters are silent.

There are other verbs like *aller* that make their perfect tense with *être*. Here are those you will meet in this topic.

aller	to go	*je suis allé(e)*
venir	to come	*tu es venu(e)*
partir	to leave	*il est parti*
arriver	to arrive	*elle est arrivée*
rester	to stay	*on est resté(e)s*
rentrer	to go home	*ils sont rentrés*
retourner	to go back	*elles sont retournées*

With these verbs, the past participle agrees with the **subject**. This means you need to add an *e* if the subject is feminine, an *s* if it is plural, and *es* if it is feminine plural. For example, the past participle in *je suis allé(e)* is spelled *allé* (if the speaker is masculine) or *allée* (if the speaker is feminine).

Lis le texte et trouve l'équivalent français de:

1 Hugo went
2 they arrived
3 they ran
4 they jumped
5 they climbed
6 he went home
7 she stayed longer

Vocabulaire

courir	to run
sauter	to jump
escalader	to climb
traverser	to cross
passer devant	to pass
faire du skateboard	to go skateboarding
faire du roller	to go roller-blading
le parkour	free-running (sport)
le jardin des plantes	botanical garden
alors	so, therefore
plus longtemps	longer

La semaine dernière, Hugo est allé dans un club de parkour avec sa copine Betty. Ils sont arrivés à neuf heures. Ils ont couru et ils ont sauté, puis ils ont escaladé des obstacles. Après, Hugo était fatigué et il est rentré à la maison à midi et demi. Betty adore ce sport, alors elle est restée plus longtemps.

2 Lis le texte et suis le trajet d'Abdou sur le plan.
Read the text and follow Abdou's route on the map.

Roller à Paris

Dimanche dernier, Abdou est allé faire du roller. Il raconte son après-midi: «Thomas et Sophie sont venus avec moi et nous sommes partis de la place de la Bastille. D'abord nous avons traversé la Seine, puis nous sommes passés devant le Jardin des plantes. Sophie et Thomas sont partis à quatre heures, parce qu'ils étaient fatigués. Moi je suis resté avec le groupe et nous sommes retournés à la Bastille. Après, je suis rentré chez moi en bus. Super après-midi!»

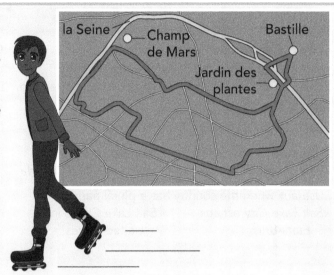

3 Trouve dans le texte les réponses aux questions suivantes:
Find the answers to the following questions in the text:

1 Abdou, qui est venu avec toi?

2 Vous êtes partis d'où?

3 Sophie et Thomas sont partis à quelle heure?

4 Tu es resté avec qui?

5 Vous êtes retournés où?

6 Tu es rentré à la maison comment?

 Écoute et vérifie tes réponses à l'exercice 3.

 Traduis en français.

1 I went to the skate park.

2 Who came with you?

3 What time did they leave?

4 I stayed longer.

5 How did they get home?

6 What time did you get home?

Voie express

In this topic, you will learn about urban sports. The grammar focus is on using verbs in the perfect tense – especially those verbs that use *être* rather than *avoir*. Make sure you know how to use them, not only with *je* and *tu*, but also with *il* and *elle* and in the plural. If you feel very confident about this and know the vocabulary well, have a go at writing a blog about an urban sport outing – real or imaginary.

 a À deux. Imaginez une interview avec Hugo. Relisez l'exercice 1 et préparez des questions et des réponses au sujet du club de parkour. ⭐

In pairs. Imagine an interview with Hugo. Re-read exercise 1 and prepare questions and answers about the parkour club.

b À deux. Jouez l'interview.

In pairs. Act out the interview.

Objectifs
- Discuss sports and activities in a range of contexts
- Use dates and places when describing events in the past

Langue et grammaire

Giving locations – a reminder

Use *à* to introduce the name of a town or city:
C'était à Rio de Janeiro.   It was in Rio de Janeiro.

Use *en* to introduce the name of a feminine country:
Beijing est en Chine.   Beijing is in China.

Use *au* with the name of a masculine country:
Vancouver est au Canada.   Vancouver is in Canada.

Use *aux* when the country has a plural name:
Salt Lake City est aux États-Unis.   Salt Lake City is in the United States.

Giving dates

When saying the year, always start with *deux mille* (never with *vingt*):

2001	*deux mille un*	2011	*deux mille onze*
2010	*deux mille dix*	2016	*deux mille seize*

Pronunciation

You might think that if the name of a place is spelled the same, or nearly the same, in French as in English, it will be pronounced the same way. Be careful! That is not always the case. For example: *Turin*, *Athènes* and *Brésil*.

1 **Lis les messages et regarde les images. C'est le sport d'Antoine ou de Félix?**

Read the messages and look at the pictures. Whose sport is it? Antoine's or Félix's?

> ● **Félix** — ✕
>
> **Antoine**
> Salut, Félix. Ça va à Paris? J'adore le sport et je suis gâté en Nouvelle-Calédonie. Je joue au foot, je fais de l'escalade et du surf. Et toi? Tu aimes bouger?
>
> **Félix**
> Salut, Antoine. Merci pour ton message. Oui, j'aime bouger, mais je ne fais pas beaucoup de sport à Paris… En février, je suis allé en Suisse et j'ai fait du ski. J'adore la montagne et j'ai trouvé ça super!
>
> **Antoine**
> Moi, je ne fais pas de ski, car il n'y a pas de neige en Nouvelle-Calédonie. Il fait beau tout le temps!
>
> **Félix**
> J'adore la montagne! L'année prochaine, je voudrais aller au Canada et faire du ski là-bas.

Vocabulaire

bouger	to move, to be active
les JO (les Jeux olympiques)	the Olympic Games
le Royaume-Uni	United Kingdom
le Brésil	Brazil
la Suisse	Switzerland
l'escalade (f)	climbing
gâté(e)	spoiled
Dans quel pays?	In which country?
tout le temps	all the time
là-bas	over there
tu sais	you know

1 **2** **3**  **4**

2 **Écris une légende pour chaque image de l'exercice 1.**

Write a caption for each picture in exercise 1.

3 À deux. A dit une phrase à propos de Félix ou Antoine. B dit qui c'est. Ensuite changez de rôles.

In pairs. A says something about Félix or Antoine. B says who it is. Then swap parts.

Exemple

A Il ne fait pas beaucoup de sport.

B C'est Félix.

4 Compléte le tableau.
Complete the grid.

Londres   Athènes   Vancouver

Beijing

Sotchi   **Turin**

Rio de Janeiro   **le Brésil**

le Canada

Salt Lake City

la Chine   la Grèce

les États-Unis   **le Royaume-Uni**

la Russie   l'Italie

QUIZ

Tu sais tout sur les JO (d'été et d'hiver)? Complète le tableau.

quand?	où?	dans quel pays?
2002	Salt Lake City	les États-Unis
2004		
2006		
2008		
2010		
2012		
2014		
2016		

5 Écoute Abdou et son petit frére pour vérifier tes réponses à l'exercice 4.
Listen to Abdou and his little brother to check your answers to exercise 4.

6 Choisis à, *en*, *au* ou *aux* pour compléter les phrases. Puis, à deux, posez-vous des questions.
Complete the sentences with à, en, au ou aux. Then, in pairs, quiz each other like Abdou and his brother.

Les Jeux olympiques de 2002, c'était à Salt Lake City aux États-Unis.

En 2004, c'était _____ Athènes, _____ Grèce.

En 2006, c'était _____ Turin, _____ Italie.

En 2008, c'était _____ Beijing _____ Chine.

En 2010, c'était _____ Vancouver, _____ Canada.

En 2012, c'était _____ Londres, _____ Royaume-Uni.

En 2014, c'est _____ Sotchi, _____ Russie.

En 2016, c'est _____ Rio de Janeiro, _____ Brésil.

Voie express

The aim of this topic is to help you talk about sports in different contexts, including the Olympic Games. Make sure you know whether to use à, *en*, *au* or *aux* in front of the name of a place or a country. Once you can do that with confidence, do some extra research in French about Olympic sports and the next Olympic Games.

7 Tu fais quels sports? Quand et où? Prépare un exposé avec des images. ⭐
What sports do you do? Where and when? Prepare a presentation including pictures.

4 Topic 4 Le Tour de France

Objectifs
- Use a range of high numbers, dates and ordinal numbers
- Talk about a major event in the French sporting calendar

Langue et grammaire

High numbers

Use the words *cent* (a hundred), *mille* (a thousand) and *un million* (one million) to construct high numbers:

1000	*mille*
2000	*deux mille*
3000	*trois mille*
1903	*mille neuf cent trois*
2013	*deux mille treize*
2014	*deux mille quatorze*
2015	*deux mille quinze*
3400	*trois mille quatre cents*

When talking about dates, introduce the year with the preposition *en*:

Je suis né en 2002.   I was born in 2002.

Ordinal numbers

You already know that the French for first is *premier/première*. To make the other ordinal numbers, simply add *ième*. For numbers ending in *e*, remove the *e* before adding the ending.

1st	*premier/première*
2nd	*deuxième*
3rd	*troisième*
4th	*quatrième*
100th	*centième*
101st	*cent unième*

Pronunciation

Notice the difference in the pronunciation of *ll* in *maillot/meilleur* compared to *mille/million*.

Le Tour de France en huit questions

1 Le Tour de France, qu'est-ce que c'est?
C'est une course cycliste qui dure trois semaines au mois de juillet.

2 Le Tour de France a commencé en quelle année?
Le Tour de France a commencé en 1903.

3 Le Tour de France fait combien de kilomètres?
C'est une course d'environ 3400 kilomètres, en 21 étapes.

4 Il y a combien de coureurs?
Il y a 22 équipes et huit ou neuf coureurs par équipe.

5 La course commence où?
C'est différent chaque année. En 2013, la course a commencé à Porto-Vecchio, en Corse.

6 Elle finit où?
Elle finit toujours sur les Champs-Élysées à Paris.

7 Il y a combien de spectateurs?
Environ 12 millions de personnes regardent le Tour de France à la télévision.

8 En 2013, c'était la 110ème édition du Tour de France?
Non, c'était la 100ème édition.

Vocabulaire

durer	to last
en quelle année?	in which year?
combien?	how many?
la course	race
l'étape (f)	stage
l'équipe (f)	team
le coureur	racer
le nombre	number
le grimpeur	climber
le gagnant	winner
le maillot	jersey
les gants	gloves
le casque	helmet
à pois	with dots

Lis le texte, puis associe chaque chiffre à la bonne explication.

Read the text and match each figure with the correct explanation.

3	the number of stages in the Tour de France
8 ou 9	the approximate number of spectators
21	the approximate number of kilometres
22	the number of cyclists in each team
1903	the year of the hundredth race
2013	the number of weeks
3400	the number of teams
12 000 000	the year it started

Écoute et associe la bonne explication avec chaque maillot.

Listen and match the correct definition with each jersey.

1 C'est le maillot du meilleur grimpeur.

2 C'est le maillot du meilleur sprinteur.

3 C'est le maillot du meilleur jeune.

4 C'est le maillot du gagnant.

Le maillot jaune

Le maillot vert

Le maillot à pois

Le maillot blanc

En groupes. A dit une phrase courte, B la répéte et ajoute une autre phrase ou un autre détail, etc.

In groups of five or six. A says a short sentence. B repeats it and adds another sentence or detail, and so on.

Je suis cycliste.

Je suis cycliste. J'ai un bon vélo.

Je suis cycliste. J'ai un bon vélo. Je porte un casque...

Voie express

The Tour de France is a major sporting event in France. To talk about it, you need to be confident in using high numbers and ordinal numbers. Have any racing cyclists from your country ever won the race? Write an account of a Tour de France, including some numerical facts.
Alternatively, do some research and write about another national event in France or your own country.

Traduis en français.

1 The Tour de France is a cycling race.

2 There are 21 stages in the Tour de France.

3 How many teams are there?

4 The winner wears a yellow jersey.

5 Racing cyclists have a good bicycle, a helmet and gloves.

6 The best sprinter wears a green jersey.

Fais des recherches sur un autre événement sportif national et écris un article. ⭐

Do some research on another national sporting event, and write an article for a website. Try to include lots of numerical facts.

Objectifs
- Describe an event in the past using a range of tenses
- Talk about Paralympic sports

Langue et grammaire

Past tenses

When describing something that happened in the past, choose between the perfect tense and the imperfect tense.

Use the perfect tense to describe a completed action in the past:

Je suis allé au stade.	I went to the stadium.
Il a regardé un match.	He watched a match.
Mon équipe a gagné.	My team won.

Use the imperfect tense to describe what it was like:

C'était fantastique.	It was fantastic.
Mon frère était fier.	My brother was proud.
Il y avait deux équipes.	There were two teams.

Il y a and Il y avait

You have already come across the phrase *il y a*, meaning 'there is' or 'there are'. The equivalent phrase in the imperfect tense is *il y avait*:

Il y a onze joueurs.	There are eleven players.
Il y avait beaucoup de spectateurs.	There were / used to be a lot of spectators.

Pronunciation

Listen carefully to the word *fauteuil* and make sure you pronounce it correctly.

 Écoute. Tu entends les questions a–g dans quel ordre?

Listen. Number questions a–g in the order you hear them.

a C'était où?

b Qui a gagné?

c C'était comment?

d Tu étais avec qui?

e C'est quoi le handibasket?

f Qu'est-ce que tu as fait hier?

g Clichy jouait contre quelle équipe?

Hier, Lucas a regardé un match de basket en fauteuil. Il parle du match à sa sœur Chloé.

 Écoute encore et choisis la bonne réponse aux questions a–f de l'exercice 1.

Listen again and choose the correct answers to the questions a–f in exercise 1.

1 C'était passionnant!

2 Clichy a gagné 35 à 28.

3 Contre l'équipe de Créteil.

4 C'est du basket en fauteuil.

5 C'était au gymnase de Clichy.

6 Il y avait Sophie, Abdou et Justine…

7 Je suis allé voir un match de handibasket.

Vocabulaire

ressembler à	to resemble
marquer	to score
le fauteuil (roulant)	wheelchair
le joueur	player
le but	the aim
la luge	sledge, sledging
le hockey sur glace	ice hockey
le panier	basket
l'athlète handicapé(e) (m/f)	an athlete with a disability
malvoyant(e)	partially sighted
dérivé(e)	derived
depuis	since
contre	against, versus

Traduis cette conversation en français.

A What did you do yesterday?

B I went to see a football match.

A Who with?

B Justine and Thomas were there.

A Where was it?

B It was in Paris. Anderlecht were playing against Paris Saint-Germain.

A What was it like?

B It was fantastic.

A Who won?

B Paris Saint-Germain won.

Voie express

Although this topic is about sporting events in the past, the language can be used to talk about all kinds of other events. It's important to understand when to use the perfect tense and when to use the imperfect tense, and to be able to use them accurately. If you think you can do that, have a go at writing about a non-sporting event, for example something you have learned in history lessons.

 À deux. Jouez la conversation de l'exercice 3.

In pairs. Act out the conversation from exercise 3.

 Lis l'article. Vrai ou faux? Corrige les phrases fausses.

1 Les joueurs de handibasket sont en fauteuil roulant.

2 Le basket en fauteuil est très différent du basket traditionnel.

3 Il y a cinq joueurs par équipe.

4 Le but du sport est de dribbler avec le ballon.

5 Il y a moins de 25 000 joueurs de basket en fauteuil dans le monde.

6 Il n'y a pas de matches de basket en fauteuil aux Jeux paralympiques.

Le basket en fauteuil – ou handibasket – ressemble au basket traditionnel, mais les joueurs sont en fauteuil roulant. Il y a cinq joueurs par équipe, et le but est de marquer des paniers. Aujourd'hui, plus de 25 000 personnes participent à des compétitions de basket en fauteuil dans 90 pays différents. Le handibasket est un sport paralympique depuis 1960.

 Associe ces sports avec les définitions.

1 le boccia

a un sport qui ressemble au handball pour les athlètes malvoyants ou non-voyants

2 le goalball

b un sport qui ressemble au hockey sur glace pour les athlètes handicapés

3 le hockey sur luge

c un handisport dérivé du rugby à quinze

4 le rugby à treize

d un sport qui ressemble aux boules pour les athlètes handicapés

 À ton avis, quel est le sport paralympique le plus intéressant? Fais des recherches et prépare un exposé à ce sujet. ⭐

What do you think is the most interesting Paralympic sport? Do some research and prepare a presentation on this topic.

Objectifs
- Recognise and use the future tense and understand the difference from the near future
- Describe future intentions and make plans

Langue et grammaire

The future tense

The formal way of talking about the future in French is to use the future tense. To form the future tense of regular verbs, you simply need to add the following endings to the infinitive:

visiter
je visiter**ai**
tu visiter**as**
il/elle/on visiter**a**

An easy way of remembering these endings is to note they are the same as the present tense of *avoir*:
j'**ai**   tu **as**   il/elle/on **a**

Irregular verbs

A number of common verbs have an irregular stem in the future tense but the endings are still the same:

infinitive	stem	future tense
aller	ir–	j'irai, tu iras, il/elle/on ira
faire	fer–	je ferai, tu feras, il/elle/on fera
être	ser–	je serai, tu seras, il/elle/on sera

Note that all forms of the infinitive have the letter *r* just before the endings. If there is no letter *r*, either you have left it out by mistake or it's not the future tense! Make sure you pronounce them correctly. Listen to the examples used in the topic.

1 Hugo et ses parents préparent des vacances en Martinique. Regarde les images et choisis la bonne légende pour chacune.

Look at the pictures of Martinique and choose the right caption for each one.

a La plage des Salines est la plus belle de Martinique.

b Je ferai de la voile dans un bateau traditionnel.

c Je visiterai les mangroves en canoë-kayak.

d Je ferai de la plongée sous-marine.

e Je ferai du surf à Tartane.

Vocabulaire

tuer	to kill
produire	to produce
le bateau	boat
la plongée sous-marine	scuba-diving
l'arrivée (f)	arrival
les habitants	inhabitants
la plus belle	the most beautiful
barbant(e)	boring
de long	in length
de large	in width

Écoute. Tu entends quelles phrases?
Listen. Which sentences do you hear?

1 On ira en Martinique pour les prochaines vacances.

2 On passera deux ou trois jours chez Emma.

3 On visitera des plantations de bananes.

4 On arrivera à Fort-de-France.

5 On ira voir la montagne Pelée?

6 On ira aussi à la plage.

7 On fera de la plongée.

Voie express

It's important to know about other regions of the world where French is spoken. As well as learning about Martinique, this topic will also give you the opportunity to practise high numbers. The key grammar point is the future tense. Once you are confident with all that, begin your research on Guadeloupe (another French-speaking region of the Caribbean) for exercise 6.

 Écoute encore une fois, puis associe chaque nom à la bonne définition.
Listen again and match each name to the right definition.

1 Fort-de-France		a	un volcan actif
2 Saint-Pierre		b	la ville d'arrivée
3 la montagne Pelée		c	la ville d'Emma
4 les Salines		d	une plage pour faire du surf
5 Tartane		e	la plus belle plage de la Martinique

 À deux. A mentionne une activité. B fait un commentaire. Ensuite changez de rôles.
In pairs. A mentions an activity. B makes a comment. Then swap roles.

C'est dangereux!   C'est barbant!   C'est génial!   C'est super!

Exemple   **A** On fera du surf.   **B** C'est génial!

 Écoute, prends des notes, puis compléte les blancs avec les bons chiffres.
Listen, make notes, then fill in the gaps with the right figures.

L'île fait **1** _____ kilomètres de long et **2** _____ kilomètres de large. Il y a **3** _____ habitants. La montagne Pelée est un volcan actif. En **4** _____ , une éruption a tué **5** _____ personnes. La Martinique produit environ **6** _____ tonnes de bananes par an. La Martinique est à **7** _____ kilomètres de Paris, mais c'est un département français. On parle français et créole dans l'île.

 Fais des recherches sur la Guadeloupe et prépare un exposé. Ajoute une carte et des images. Pose les questions suivantes à ton/ta partenaire. ⭐
Do some research on Guadeloupe and prepare a presentation. Include a map and pictures. Ask your partner the following questions.

1 Comment s'appelle la capitale de la Guadeloupe?

2 Qu'est-ce que c'est, la Soufrière?

3 Quels sont les produits importants de la Guadeloupe?

4 Il y a combien d'habitants?

Langue et grammaire

Expressions of time

Expressions of time indicate when an action is taking place. Adjectives such as *dernier* (last) and *prochain* (next) need to agree with the noun they go with.

masculine	feminine
l'été dernier	*l'année dernière*
last summer	last year
le mois prochain	*la semaine prochaine*
next month	next week

The perfect tense with *être*

You also know that *aller* makes its perfect tense with the present tense of *être* rather than with *avoir*. For example, *je suis allé(e)*. There are other verbs like *aller* that make their perfect tense with *être*. Here are some examples:

aller	to go	*je suis allé(e)*
venir	to come	*tu es venu(e)*
partir	to leave	*il est parti*
arriver	to arrive	*elle est arrivée*
rester	to stay	*on est resté(e)s*
rentrer	to go home	*ils sont rentrés*
retourner	to go back	*elles sont retournées*

With these verbs, the past participle agrees with the subject. This means you need to add an *e* if the **subject** is feminine, an *s* if it is plural, and *es* if it is feminine plural.

Giving dates

When saying the year, always start with *deux mille* (never with *vingt*):

2001 *deux mille un*	2011 *deux mille onze*
2010 *deux mille dix*	2016 *deux mille seize*

When talking about dates, introduce the year with the preposition *en*:
Je suis né en 2002. I was born in 2002.

High numbers

Use the words *cent* (a hundred), *mille* (a thousand) and *un million* (one million) to construct high numbers:
1903 *mille neuf cent trois*
2013 *deux mille treize*
3400 *trois mille quatre cents*

Ordinal numbers

You already know that the French for first is *premier/première*. To make the other ordinal numbers, simply add *ième*. For numbers ending in *e*, remove the *e* before adding the ending.

1st	*premier/première*
4th	*quatrième*
100th	*centième*
101st	*cent unième*

Past tenses

When describing something that happened in the past, choose between the perfect tense and the imperfect tense.

Use the perfect tense to describe a completed action in the past:
Je suis allé au stade. I went to the stadium.
Mon équipe a gagné. My team won.

Use the imperfect tense to describe what it was like:
C'était fantastique. It was fantastic.
Mon frère était fier. My brother was proud.

Il y a and *Il y avait*

You have already come across the phrase *il y a*, meaning 'there is' or 'there are'. The equivalent phrase in the imperfect tense is *il y avait*:
Il y a onze joueurs. There are eleven players.
Il y avait beaucoup de spectateurs. There were / used to be a lot of spectators.

The future tense

The formal way of talking about the future in French is to use the future tense. To form the future tense of regular verbs, you simply need to add the following endings to the infinitive:
visiter
*je visiter**ai***
*tu visiter**as***
*il/elle/on visiter**a***

An easy way of remembering these endings is to note they are the same as the present tense of *avoir*.

Irregular verbs in the future tense

A number of common verbs have an irregular stem in the future tense but the endings are still the same:

infinitive	stem	future tense
aller	*ir–*	*j'irai, tu iras, il/elle/on ira*
faire	*fer–*	*je ferai, tu feras, il/elle/on fera*
être	*ser–*	*je serai, tu seras, il/elle/on sera*

Vocabulaire

Les verbes

courir

sauter

escalader

traverser

passer devant

faire du skateboard

faire du roller

bouger

durer

ressembler à

marquer

tuer

produire

Le sport

l'acrobatie (f)

la musculation

l'aviron (m)

le jogging

le volley

le parkour

les JO (les Jeux olympiques)

l'escalade (f)

la course

l'étape (f)

l'équipe (f)

le coureur

le nombre

le grimpeur

le gagnant

le maillot

les gants

le casque

le fauteuil roulant

le joueur

le but

la luge

le hockey sur glace

le panier

l'athlète handicapé(e) (m/f)

la plongée sous-marine

Les autres noms

l'atelier (m)

le cheval (pl les chevaux)

le jardin des plantes

le Royaume-Uni

le Brésil

la Suisse

le bateau

l'arrivée (f)

les habitants

Les adjectifs

gâté(e)

malvoyant(e)

dérivé(e)

barbant(e)

prochain(e)

Les mots utiles

récemment

tout le temps

demain

hier

là-bas

plus longtemps

combien

contre

tu sais

la plus belle

alors

de long

de large

depuis

Les expressions

Dans quel pays?

En quelle année?

à pois

Mission accomplie?

I can...

☐ Say what sports I and others practise

☐ Understand and use phrases relating to past, present and future

☐ Talk about urban sports and physical activities

☐ Use a range of verbs in the perfect tense

☐ Discuss sports and activities in a range of contexts

☐ Use dates and places when describing events in the past

☐ Use a range of high numbers, dates and ordinal numbers

☐ Talk about a major event in the French sporting calendar

☐ Describe an event in the past using a range of tenses

☐ Talk about Paralympic sports

☐ Recognise and use the future tense and understand the difference between the future and the near future

☐ Describe future intentions and make plans

DOSSIER TRIATHLON — A *Le triathlon en trois questions*

Il y a combien de sports dans le triathlon?
Il y a trois sports: la natation, le cyclisme et la course à pied.

Le triathlon est un sport olympique?
Oui le triathlon est un sport olympique. Et ce sera bientôt un sport paralympique: le premier paratriathlon aura lieu à Rio au Brésil en 2016.

Il y a différents types de triathlon?
Oui, il y a aussi le triathlon des neiges. Pour le triathlon des neiges, on fait du cyclisme et de la course à pied, mais on ne fait pas de natation. On fait du ski.

B *L'équipement nécessaire*

Pour la natation: un maillot de bain, un bonnet et des lunettes de natation
Pour le cyclisme: un vélo, un casque, un maillot, un short, des chaussures et des chaussettes
Pour la course à pied: un short, un maillot, des chaussures et des chaussettes
Pour le ski: une paire de skis, des chaussures de ski et des vêtements chauds

---

 Lis l'article sur le triathlon, puis regarde les images. Quel sport illustré n'est pas mentionné?
Read the article then look at the pictures. Which sport isn't mentioned?

a   b   c   d   e

 Trouve dans l'article…
Find in the article…

a … les mots correspondant à ces anagrammes:
… *the words matching these anagrams:*

1 ARTILNOTH   2 ANTTOINA   3 CLISMYCE

4 SUCORE   5 GIENES

b … les choses suivantes:
… *the following items:*

1 deux protections pour la tête

2 deux vêtements pour les pieds

3 un vêtement aquatique

4 un équipement pour la neige

5 un équipement pour les yeux

c … une phrase négative.
… *a negative sentence.*

Vrai ou faux? Corrige les phrases fausses.

1 Quand on fait un triathlon, on fait trois sports.

2 L'équitation est un des trois sports du triathlon.

3 On fait le triathlon aux Jeux olympiques.

4 Il y avait un paratriathlon aux Jeux paralympiques de 2012.

5 Quand on fait le triathlon des neiges, on fait aussi du ski.

6 Pour le triathlon des neiges, on ne fait pas de cyclisme.

 À deux. A pose une question sur le sport de B.
B donne un des sports illustrès dans l'exercice 1.
A donne le numèro de l'image correspondante.
*In pairs. A asks a question about the sport that B plays.
B mentions one of the sports in exercise 1.
A says what number it is.*

Exemple

1 **A** Tu fais quel sport?

  B Je fais de l'équitation.

  A C'est l'image b.

2 **A** Tu as quel équipement?

  B J'ai un bonnet.

  A Tu fais de la natation. C'est l'image d.

Écris un texte sur les sports de Maeva.
Write an article about Maeva's sports.

Elle pratique quels sports? Quand? Où? Avec quel équipement?

 Quel sport fais-tu? Dessine ton autoportrait et indique l'équipement et les vêtements.
What sport do you do? Draw a self-portrait and label your sports equipment and special clothing.

DOSSIER VOLLEYBALL

Pour jouer au volley, il faut un ballon rond et un filet de volley. Le terrain de volley est rectangulaire: il fait 18 mètres de long sur 9 mètres de large.

On peut jouer au volley pour le plaisir sur la plage ou en compétition sur un terrain de volley. Pour faire un match de volley, il faut deux équipes et il y a six joueurs par équipe.

Le volley est un sport olympique depuis 1924. C'est un sport très populaire: il y a environ 260 millions de joueurs de volley dans le monde.

Lis l'article sur le volley, puis réponds aux questions en français.
Read the article on volleyball, then answer the questions in French.

1 On joue au volley où?

2 C'est un sport olympique?

3 Comment est le terrain de volley?

4 Quel est l'équipement nécessaire?

5 Il y a combien de joueurs par équipe?

Trouve dans l'article l'équivalent français de:

1 about 260 million players

2 a round ball and a net

3 six players per team

4 a volleyball ground

5 for pleasure

6 in the world

7 since 1924

8 you need

9 in length

10 in width

Pourquoi je joue au volley

Le témoignage d'une fan

J'ai commencé à jouer au volley avec mes amis sur la plage l'année dernière. C'était passionnant! En plus, j'ai trouvé ça assez facile, alors j'ai décidé de continuer. J'aime le volley parce que c'est un sport d'équipe et ce n'est pas un sport dangereux. Je ne suis pas une championne, je ne participerai jamais aux Jeux olympiques. J'adore jouer au volley pour le plaisir de bouger et pour passer de bons moments avec mes amis!

Justine, 12 ans

 Vrai ou faux? Corrige les phrases fausses.

1 Justine a commencé à jouer au volley le week-end dernier.

2 Justine pense que le volley est un sport très difficile.

3 Justine a décidé d'abandonner le volley.

4 Justine aime le volley parce qu'on y joue en équipe.

5 Justine aimerait participer aux Jeux olympiques.

6 Quand Justine joue au volley, elle passe des moments sympas avec ses amis.

 À deux. A prend le rôle de Justine. B lui pose des questions sur le volley.

In pairs. A plays the part of Justine. B asks her questions about volleyball:

1 Tu as commencé à jouer quand?

2 Pourquoi as-tu décidé de continuer?

3 Pourquoi aimes-tu le volley?

4 Tu voudrais participer aux Jeux olympiques?

5 Tu joues avec qui?

Exemple

B Tu as commencé à jouer quand?

A J'ai commencé l'année dernière.

 Fais des recherches et prépare un dossier semblable sur un sport ou une activité de ton choix. ⭐

Do some research and write a similar article about a sport or activity of your choice.

Le porte-bonheur

Read the comic strip, looking up any words that you don't know in the glossary or in a dictionary.

1 L'ÉQUIPE EST PARTIE POUR LA FINALE DE BASKET.

2 ILS SONT ARRIVÉS À CHARTRES.

REGARDE! MATHIEU HARDY PRÉSENTE LE TROPHÉE!

J'ADORE MATHIEU HARDY!

3 IL EST 13H30. NOUS DEVONS NOUS CHANGER POUR LE MATCH. NE SOYEZ PAS EN RETARD!

4 MES CHAUSSETTES, MES BASKETS, MON MAILLOT, MON SHORT…

5 OH NON! J'AI OUBLIÉ MES POIGNETS QUI PORTENT BONHEUR!

Résumé

L'équipe a voyagé à Chartres pour la finale du tournoi de basket. Ils ont visité le terrain. Il y avait beaucoup de spectateurs. Manon était très excitée parce que Félix a dit que Mathieu Hardy allait présenter le trophée. Manon a préparé ses vêtements pour le match: un short, un maillot, des chaussettes et des baskets... mais pas de poignets! Manon était horrifiée parce que ses poignets portent bonheur. Elle pensait qu'elle allait jouer très mal. Pendant qu'elle expliquait çaà Félix, Mathieu Hardy est passé devant eux. Il a donné ses poignets à Manon. Elle était choquée. Mais elle n'était plus inquiète!

Activité

Do you have a lucky charm? Do you think that it works? Write a short paragraph on your opinions.

Oral presentations

Here are a few ideas and exercises to help you make an impressive presentation.

Giving opinions

- Give an opinion, and vary the way you express it.
- Use adverbs to qualify your opinion.
- Justify your opinion.

a Choisis les phrases qui montrent qu'on est d'accord avec Lucas.

Choose the sentences which show agreement with Lucas.

1 Moi aussi!

2 À mon avis, c'est difficile.

3 Je pense que c'est passionnant.

4 Je pense que c'est un sport fantastique.

5 Je trouve que c'est super.

6 Je trouve ça fatigant.

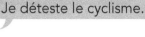

Je déteste le cyclisme.

b Traduis les phrases 1–6 en anglais.

Traduis les phrases en utilisant les adverbes suivants:

Translate these sentences making use of the following adverbs:

assez	plutôt	tout à fait	très	trop	vraiment

1 I think it's really easy.

2 I find it quite amusing.

3 I find that sport very tiring.

4 In my opinion, it's rather boring.

5 I think it's a totally exciting sport.

6 In my opinion, it's too dangerous.

Answering questions

- You may be asked questions at the end of a presentation. Make sure you understand them.
- You might hear the phrase *est-ce que*. It is just there to turn a statement into a question:
    - *Tu fais du judo.*   You practise judo.
    - *Est-ce que tu fais du judo?*   Do you practise judo?
- Make sure you can distinguish *est-ce que* from *qu'est-ce que*:
    - *Est-ce que tu aimes la natation?*   Do you like swimming?
    - *Qu'est-ce que tu fais?*   What are you doing?

Associe le français et l'anglais.

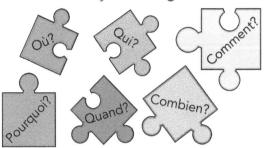 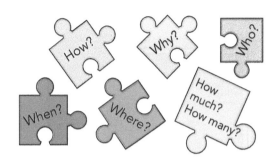

À deux. Associez les questions et les réponses.

1 Tu fais du judo avec qui?

2 Où est-ce que tu joues au volley?

3 Pourquoi est-ce que tu aimes l'escalade?

4 Quand est-ce que tu as commencé l'équitation?

5 Tu fais de la natation combien de fois par semaine?

a Parce que j'aime la montagne.

b Une fois par semaine.

c Avec mon frère.

d L'été dernier.

e Sur la plage.

Present, past or future?

Always pay attention to the verb used in a question so you know whether people are asking you about the present, the past or the future.

Écoute les questions, et note *présent*, *passé* ou *futur*.

Listen to the questions and jot down whether they refer to the past, the present or the future.

Thinking time

If you didn't quite get the question, ask the person to repeat it. There are also some phrases you can use to get some extra thinking time. Look at the examples in exercise 6.

Lis les bulles, et choisis la bonne traduction.

Read the bubbles and choose the right translation.

Je ne sais pas encore. — Sophie

Ça dépend. — Abdou

Pouvez-vous répéter, s'il vous plaît? — Justine

Peut-être… — Lucas

1 Maybe. 2 It depends. 3 I don't know yet. 4 Can you repeat, please?

À deux. A pose une question. B répond par une des phrases de l'exercice 6.

In pairs. A asks a question. B answers using one of the lines from exercise 6.

Exemple

A Tu aimes le ski? B Ça dépend…

la maison de Jules Verne à Amiens

une œuvre à Saint-Nectaire

Découverte du monde:

The arts have always played an extremely important part in French culture. There are many well-known French artists, writers, painters, film-makers, photographers, and so on. Do you know of any? Have you ever seen any of their works? What do you think about the more modern types of art, such as street art or installations? Are the photos people take on their mobile phones art?

Le savais-tu?

Many people think of France as the birthplace of cinema. Brothers Auguste and Louis Lumière invented the first ever motion-picture film camera and in 1895 made a black-and-white film called *L'arrivée d'un train en gare de La Ciotat.* Today, the French film industry is one of the most successful in the world. Have you ever seen any French films?

Associe les mots avec les images. Ensuite traduis les mots en anglais.
Match the French with the images. Then translate the words into English.

écrivain   photographe   acteur/actrice   réalisateur/réalisatrice   artiste

1 Henri Cartier-Bresson   **2** Henri Matisse   **3** Agnès Varda   **4** Simone de Beauvoir   **5** Alain Delon

Associe les deux parties des phrases. Ensuite traduis les phrases en anglais.
Match the beginnings and endings of the sentences. Then translate the sentences into English.

a Un(e) écrivain

b Un acteur / une actrice

c Un réalisateur / une réalisatrice

d Un(e) photographe

e Un(e) artiste

crée des films.

prend des photos.

crée des tableaux.

écrit des livres.

joue des rôles au théâtre ou dans les films.

Module 5: Ta mission...

- Extend ways of expressing opinions and descriptions
- Understand direct object pronouns and indirect object pronouns
- Create longer sentences using connectives
- Expand and vary descriptions of colour
- Recognise and use some irregular past participles

- Ask and answer questions
- Use *avoir* and *être* to make the perfect tense
- Say what year something happened
- Agree or disagree with other people's suggestions
- Use connectives and relative pronouns to create longer sentences
- Use the perfect tense with verbs that have an irregular past participle

Objectifs
- Extend ways of expressing opinions and descriptions
- Understand direct object pronouns and indirect object pronouns

Langue et grammaire

Direct and indirect object pronouns

A direct object is the noun (person or thing) in a sentence that the verb is about:

I find **the book** interesting.

An indirect object is the noun (person or thing) in a sentence that the verb is done **to** or **for**:

I'm buying the book for **Abdou**.

Remember, pronouns are used in place of nouns. For example 'it' in place of 'book' and 'him' in place of 'Abdou':

I'm buying **it** for **him**.

In French, direct and indirect object pronouns usually come **before** the verb.

Direct object pronouns

Direct object pronouns are:
- *le* = it (in place of a masculine noun)
- *la* = it (in place of a feminine noun)
- *les* = them (in place of a plural noun)

Je trouve le livre intéressant. Je le trouve intéressant.
Tu aimes mon porte-clés? – Euh, je le trouve curieux.
Je trouve la géographie intéressante. Je la trouve intéressante.
Tu aimes la carte postale? – Oui, je la trouve très jolie.
Je trouve les films intéressants. Je les trouve intéressants.
Tu aimes les musées? – Non, je les trouve ennuyeux.

Indirect object pronouns

- *lui* = him or her
  Je lui achète un cadeau.   I'm buying a present for him/her.
- *leur* = them
  Je leur donne mon adresse.   I'm giving my address to them.

a Lis et imagine ce que Maeva et Abdou pensent du tableau *Shéhérazade*.

Read and predict what Maeva and Abdou think of the painting Shéhérazade.

Œuvres de René Magritte

Shéhérazade
© ADAGP, Paris and DACS, London 2013

L'heureux donateur

La traversée difficile

Vocabulaire

bizarre	weird, bizarre
ridicule	ridiculous
dégoûtant(e)	disgusting
mystérieux(–euse)	mysterious
curieux(–euse)	strange, curious
sinistre	sinister, spooky
l'aimant (m)	magnet
le porte-clés	key ring
le parapluie	umbrella
la carte postale	postcard
la règle	ruler
la tasse	cup
l'œuvre (f)	work (of art)
le tapis de souris	mousemat
offrir	to give (as a gift)

Tu aimes le tableau *Shéhérazade* de René Magritte, Maeva?

Oui, beaucoup. Je le trouve très 1 _____ et 2 _____ . Et toi, Abdou?

Bof, pas vraiment. Je le trouve un peu 3 _____ et il n'est pas très 4 _____ .

b Écoute et vérifie tes réponses.

2 Que pensent-ils des autres tableaux? Écoute et complète le tableau en anglais.
What do they think of the other paintings? Listen and complete the table in English.

	L'heureux donateur	La traversée difficile
Maeva		
Abdou		

Voie express

Find another painting by Magritte and write a short paragraph saying what you think about it. Do you like it or not? Why? Make sure you fully understand how to use direct and indirect object pronouns. Do exercise 3 and then imagine what some of the other characters might buy for their friends and family and write what they would say.

3 À deux, parlez des trois tableaux de René Magritte.
In pairs, talk about the three René Magritte paintings.

Exemple

A *Tu aimes le tableau...?*

B *Oui, je le trouve... / Non, je le trouve... Et toi?*

4 Lis les bulles de Justine et Félix et associe les phrases et les objets.
Read Justine and Félix's speech bubbles and match the sentences with the objects listed.

1 Je la trouve belle. **2** Je le trouve joli. **3** Je la trouve intéressante. **4** Je les trouve curieux.

a les aimants **b** la montre **c** le porte-clés **d** la carte postale

Porte-clés
6,50€

Règle
9€

Tapis de souris
12€

Tasse
11€

Aimant
3,50€

Parapluie
50€

Montre adulte
29,90€

Carte postale
1€

J'achète la montre pour mon père. Je la trouve belle et je lui offre ça pour son anniversaire. Aussi j'achète le porte-clés pour ma sœur. Je le trouve joli et pas cher et je lui donne ça pour sa fête. Donc, 29,90€ plus 6,50€ – ça fait 36,40€.

J'achète la carte postale pour mon correspondant, Antoine. Je la trouve intéressante et je lui envoie ça pour lui montrer l'art de Magritte. En plus j'achète deux aimants pour moi. Je les trouve curieux. Donc, 1€ plus 3,50€ plus 3,50€ – ça fait 8€.

5 Copie et complète les textes de Maeva et Thomas.
Copy and complete the texts for Maeva and Thomas.

J'achète le parapluie pour ma mère. Je le/la/les trouve joli et je lui/leur offre ça pour son anniversaire. En plus, j'achète la tasse pour ma cousine. Je le/la/les trouve cool. Ça fait ___ euros.

J'achète le tapis de souris pour mon cousin. Je le/la/les trouve pratique et je lui/leur offre ça pour sa fête. En plus j'achète deux règles pour moi et mon ami. Je le/la/les trouve super. Ça fait ___ euros.

Objectifs
- Create longer sentences using connectives
- Expand and vary descriptions of colour

Langue et grammaire

Colours

Remember that colours go after the noun:

un tee-shirt rose a pink T-shirt

To say if a colour is dark or light, use *foncé* or *clair* after the colour. For example:

bleu clair light blue

vert foncé dark green

When used like this the colour word **does not** change to match the gender of the noun

une chemise bleue

une chemise bleu clair (with no extra e on *bleu* even though *chemise* is a feminine noun)

It's the same when you use two colours together, for example, blue-green. Notice the hyphen:

une jupe bleu-vert a blue-green skirt

Making longer sentences

Joining short sentences together will make your language more sophisticated. You already know the connectives *et* (and) and *mais* (but) and you'll see some new ones in the *Vocabulaire* box.

Je n'ai pas assez d'argent. Je ne peux pas acheter la robe.
I don't have enough money. I can't buy the dress.

Comme je n'ai pas assez d'argent je ne peux pas acheter la robe.
As I don't have enough money, I can't buy the dress.

You can also use the relative pronoun *qui* (who/which):

J'ai un copain. Il s'appelle Hugo.
I have a friend. He is called Hugo.

J'ai un copain qui s'appelle Hugo.
I have a friend who is called Hugo.

  Associe chaque image avec le bon texte.

Match each picture with the correct text.

1
2
3

a C'est une œuvre de Pier Fabre, super grande (12 m de hauteur!). La sculpture, qui s'appelle *Le Réveil*, est réalisée avec 500 rubans rouge-orange. C'est une couleur très vive! L'œuvre est à la campagne à Besse, en France.

b C'est une œuvre de l'artiste français qui s'appelle JR. C'est un portrait géant d'une personne âgée. Le portrait, qui est sur le mur d'un bâtiment à Berlin, en Allemagne, est génial mais comme il est en noir et blanc il est assez sombre.

c C'est une œuvre de l'artiste qui s'appelle 'Invader'. C'est une mosaïque d'un personnage comme dans le jeu vidéo 'Space Invaders'. Elle est assez petite, bleu clair, et elle se trouve sur le mur orange foncé d'un bâtiment à Paris.

Voie express

Find out about a work of art that is outside and write a paragraph to describe it. Talk about the colours that are used. Create longer sentences using the strategies shown in this topic and give as many details about the work of art as you can, as well as saying what you think about it.

Trouve dans les textes de l'exercice 1 le français pour ces mots anglais:

Find the French for these English words in the texts in exercise 1:

a orange-red

b a very bright colour

c in black and white

d quite dark

e light blue

f dark orange

 À deux, parlez des œuvres en utilisant les phrases de l'exercice 2.

In pairs, talk about the works using the phrases from exercise 2.

 Écris une courte description comme celles de l'exercice 1 pour chacune de ces deux œuvres. ⭐

Write a short description like the ones in exercise 1 for each of these two works of art.

Vocabulaire

se trouver	to be situated
réaliser	to carry out
le ruban	ribbon
la personne âgée	an elderly person
la mosaïque	a mosaic
la pierre	a stone
la hauteur	height
le réveil	waking up
la sculpture	sculpture
clair(e)	light (of a colour)
foncé(e)	dark (of a colour)
sombre	dark, gloomy
géant(e)	gigantic
vif (m) / vive (f)	bright (of a colour)
puisque	since, because

Artiste:
Stéphanie Cailleau

Titre:
Les Pierres Bleues

Endroit:
Auvergne, France

Artiste:
Blek le Rat

Titre:
Sans titre

Endroit:
Londres, Angleterre

 a Écoute les opinions sur les œuvres de l'exercice 4. Écris les six connecteurs dans le bon ordre.

Listen to the opinions of the works in exercise 4. Write the six connectives in the correct order.

puisque   mais   mais   même si   mais   comme

b Écoute à nouveau. Écris les numéros des traductions dans le bon ordre.

Listen again. Write the numbers of the translations in the correct order.

1 It's pretty but a little weird since it is in the countryside.

2 It's sad but striking even so.

3 Even if the work is on the wall of a building I find it interesting.

4 I like the big pink cat but as I don't understand this work. I find it boring.

c Traduis les phrases de *b* et écoute à nouveau pour vérifier tes réponses.

*Translate the sentences in **b** and listen again to check your answers.*

Objectifs
- Recognise and use some irregular past participles
- Ask and answer questions

Langue et grammaire

Irregular past participles

You know that to form the perfect tense of a verb you use the present tense of the verb *avoir* or *être* and the past participle of the verb. For example, *j'ai mangé* or *je suis allé*. The past participles of some verbs are irregular and it's important to learn them. Here are some commonly used verbs that have irregular past participles:

infinitive		past participle
naître	to be born	*né(e)*
lire	to read	*lu*
écrire	to write	*écrit*

Questions

Here are some question words (interrogatives) and examples of how they can be added to a sentence to make a question:

quand (when)   you eat = *tu manges*
When do you eat? = *Tu manges quand?*
où (where)   you are going = *tu vas*
Where are you going? = *Tu vas où?*
quel(le) (which)   you are reading = *tu lis*
Which book are you reading? = *Tu lis quel livre?*
qui (who)   your favourite book = *ton livre préféré*
Who wrote your favourite book? = *Qui a écrit ton livre préféré?*
qu'est-ce que (what)   you are writing = *tu écris*
What are you writing? = *Qu'est-ce que tu écris?*
combien de (how many)   you have dogs = *tu as des chiens*
How many dogs do you have? = *Tu as combien de chiens?*
(note how *des* changes to *de*)

1 **Lis le texte et puis écoute Félix. Choisis la bonne phrase, *a* ou *b* (1–7).**

Read the text and then listen to Félix. Choose the correct sentence, a or b.

Pour les vacances d'été j'ai téléchargé sur ma tablette un roman classique, *Deux ans de vacances* de Jules Verne. Jules Verne était un écrivain français très célèbre. Il est né à Nantes en 1828 et il a écrit beaucoup de livres – l'année dernière j'ai lu: *Le tour du monde en 80 jours* et *Voyage au centre de la terre*. Il a écrit *Deux ans de vacances* en 1888. C'est l'histoire de quinze garçons, âgés de 8 à 15 ans, qui doivent survivre sans adulte sur une île déserte après un accident de navire.

2 **Lis le texte et les phrases. Vrai ou faux?**

Moi, pour les vacances, j'ai acheté le livre *Sauve qui peut les vacances*, une collection de nouvelles par neuf auteurs. Un des auteurs s'appelle Philippe Lechermeier. C'est un écrivain français que j'aime beaucoup. Il est né à Strasbourg en 1968. J'ai lu beaucoup de ses livres quand j'étais petite, par exemple *Le cavalier bleu et Petites frictions* (une autre collection de nouvelles). Dans *Sauve qui peut les vacances*, les auteurs ont écrit des histoires de vacances catastrophiques.

a Manon has also downloaded a book for the summer holidays.
b Manon's book is a collection of short stories written by nine authors.
c Philippe Lechermeier is a French artist.
d Philippe Lechermeier was born in Strasbourg.
e Manon read many of his books last year.
f *Sauve qui peut les vacances* is about people's dream holidays.

3 a Trouve dans les textes le français pour compléter les traductions.

Find the French to complete the translations in the texts.

a	I downloaded	j'ai ___
b	I bought	j'ai ___
c	I read	j' ___ ___
d	he wrote	il a ___
e	he was born	il est ___
f	the authors wrote	les auteurs ont ___

Voie express

Do you know which verbs have irregular past participles? Write a list of the ones you do know. Use them to write some sentences in the perfect tense and remember to think about whether you should use *avoir* or *être*. Imagine you are one of the other characters, research what French book they might have bought or downloaded, and write a short paragraph like Félix's or Manon's.

b Complète les traductions avec le bon participe passé et le bon interrogatif.

Complete the translations with the correct past participle and the correct interrogative (question word).

où   quel   combien de   quand   qu'est-ce que

a Which book did you download?

Tu as ___ ___ livre?

b Where was Jules Verne born?

Jules Verne est ___ ___?

c When was Jules Verne born?

Jules Verne est ___ ___?

d How many books did Jules Verne write?

Jules Verne a ___ ___ ___ livres?

e What did you read last year?

___ ___ tu as ___ l'année dernière?

Vocabulaire

télécharger	to download
survivre	to survive
le roman	novel
la nouvelle	short story
l'écrivain(e)	writer
l'auteur(e)	author
le navire	ship
l'île déserte (f)	desert island
catastrophique	disastrous

4 a À deux. A pose une question de l'exercise 3. B est Félix. Ensuite changez de rôles.

In pairs. A asks a question from exercise 3. B replies as Félix. Then swap roles.

b Écoute pour vérifier tes réponses.

 5 a Traduis les questions. ⭐

a Which book did you buy?	**b** Who wrote the short stories?
c Where was Philippe Lechermeier born?	**d** When was Philippe Lechermeier born?
e How many books did he write?	**f** When did you read his books?

 b Tu as un auteur préféré? Écris un paragraphe comme les textes dans les exercices 1 et 2.

Do you have a favourite author? Write a paragraph similar to those in exercises 1 and 2.

Objectifs
- Use *avoir* and *être* to make the perfect tense
- Say what year something happened

Langue et grammaire

Dates

Remember, the way you say a year in French is not the same as the way you say it in English. Look at the differences:

1925 in English you say – nineteen twenty five
      in French you say – *mille neuf cent vingt-cinq*

2002 in English you say – two thousand and two
      in French you say – *deux mille deux*

Avoir and être in the perfect tense

Remember that for most verbs you use *avoir* to form the perfect tense and that you must learn the list of verbs that you have to use *être* with. Look at page 82 for a reminder of verbs that use *être*.

Remember that you also need to use *être* with:

- Verbs that are derived from the list of *être* verbs. For example *venir* (to come) is in the list and so to form the perfect tense of *devenir* (to become) you also have to use *être*.

- Reflexive verbs. You have to use *être* to form the perfect tense of all reflexive verbs.

Pronunciation

Remember that the rules of pronunciation that you have learned also apply to names. You often do not pronounce the final letter. For example:
Cannes Yves Signoret Allégret Montand

1 Lis le texte et réponds aux questions en anglais.
Read the text and answer the questions in English.

Le Festival de Cannes

Le Festival de Cannes est un festival de cinéma international. Chaque année, pendant le mois de mai, le festival a lieu à Cannes dans le sud de la France. Le premier festival était en 1946 et il est devenu le festival de cinéma le plus célèbre du monde. La cérémonie d'ouverture est très connue pour son tapis rouge et ses vingt-quatre marches où les acteurs, les actrices et les réalisateurs s'arrêtent pour se faire photographier. Le jury du festival donne beaucoup de prix. Le prix le plus important s'appelle la Palme d'Or. Il y a aussi le Prix d'interprétation féminine et le Prix d'interprétation masculine.

a What sort of festival is the Festival de Cannes?

b How often does the festival take place?

c When does the festival take place?

d Where is Cannes?

e When was the first Festival de Cannes?

f Who stops on the red carpet and why?

g How many steps are there?

h What is the Palme d'Or?

Vocabulaire

avoir lieu	to take place
devenir	to become
grandir	to grow up
tomber amoureux(–euse)	to fall in love
se marier	to get married
divorcer	to get divorced
la cérémonie d'ouverture	the opening ceremony
le tapis rouge	the red carpet
la marche	step
le prix	prize
le/la star	star
le réalisateur (m) / la réalisatrice (f)	director
aîné(e)	older
la carrière	career
le lieu	place
la naissance	birth

2 Écoute et remplis les blancs avec la bonne partie du verbe *avoir* ou *être*: *a, est* ou *sont*.

Listen and fill the gaps with the correct part of the verb avoir or être: a, est or sont.

Les stars du cinéma français

Simone Signoret 1 _____ née à Wiesbaden, en Allemagne, le 25 mars 1921. Elle 2 _____ grandi à Neuilly-sur-Seine dans la banlieue de Paris, l'aînée de trois enfants. Elle 3 _____ travaillé d'abord comme secrétaire au journal *Le Petit Parisien*. En 1944 elle s'4 _____ mariée avec le réalisateur Yves Allégret et ensuite, en 1946, elle 5 _____ joué dans le film *Macadam* et, en plus, sa fille 6 _____ née. Elle 7 _____ divorcé en 1949 puisqu'elle 8 _____ tombée amoureuse de l'acteur Yves Montand. Simone et Yves se 9 _____ mariés en 1951. Elle 10 _____ gagné beaucoup de prix pendant sa longue carrière – en 1959 elle 11 _____ gagné le Prix d'interprétation féminine à Cannes pour son rôle dans le film britannique *Room at the top*. Elle 12 _____ morte le 29 septembre 1985.

Simone Signoret

Voie express

Knowing the verbs *avoir* and *être* is very important when you're using the perfect tense. Do you know them well? Can you remember which verbs use *avoir* and which verbs use *être* in the perfect tense? Design a small poster showing the present tense of the verbs *avoir* and *être* and the verbs that use *être* in the perfect tense. Be creative! Find out about a star of French cinema and prepare a short presentation about their life.

---

 3 Écoute encore et écris les dates. Ensuite, relis le texte de l'exercice 2 et choisis la bonne phrase pour chaque date.

Listen again and write the dates. Then reread the text in exercise 2 and choose the correct sentence below for each date.

a She got married for the first time.
b She won the prize for best actress at Cannes.
c She was born.
d Her daughter was born.
e She died.
f She got divorced.

 4 Complète chaque question avec le bon mot de la liste.

qui   quoi   où   quand   quels   est-ce qu'

a ___ est-ce que Yves Montand est né?

b ___ est-il né?

c Avec ___ est-ce qu'il s'est marié en 1951?

d Avec ___ est-ce qu'il s'est marié en 1991?

e D'abord il a travaillé comme ___?

f Ensuite il a travaillé comme ___?

g Il a joué dans ___ films en 1986?

h ___ il a jamais gagné de prix à Cannes?

i ___ est-ce qu'il est mort?

Nom:
Yves Montand
Date de naissance:
13/10/1921
Lieu de naissance:
Monsummano Terme, Italie
Mariages: 1951 avec Simone Signoret, 1991 avec Carole Amiel
Travail: d'abord chanteur, ensuite acteur
Films: *Jean de Florette* et *Manon des Sources*
Prix à Cannes: non
Mort: 09/11/1991

 5 Écris la biographie d'un personnage célèbre de ton choix. Ça peut être Simone Signoret, Yves Montand ou quelqu'un d'autre. Chut! … c'est un secret! ⭐

Objectifs
- Agree or disagree with other people's suggestions
- Use connectives and relative pronouns to create longer sentences

Langue et grammaire

Agreeing and disagreeing

It's important to be able to agree or disagree with other people's ideas and to express how strongly you feel about things by using a range of expressions. Look at these examples:

Tu veux jouer à la pétanque, Félix?
Ah oui, bonne idée.
Ah oui, d'accord.
Oh non – pas ça, Thomas. C'est ennuyeux!
Tu rigoles!

Making longer sentences

You've seen how to use connectives like *mais* and *comme* to make your writing more sophisticated.

Remember that the relative pronoun *qui* can also be used to bring two sentences together:
Ma grand-mère s'appelle Marta. Elle est née en Espagne.
My grandmother is called Marta. She was born in Spain.

Ma grand-mère, qui s'appelle Marta, est née en Espagne.
My grandmother, who is called Marta, was born in Spain.

a Écoute et écris les numéros dans l'ordre mentionné.
Listen and write the numbers in the order mentioned.

Papa et moi avons décidé de commander un nouveau film pour le week-end prochain. Mais que c'est difficile de choisir!!

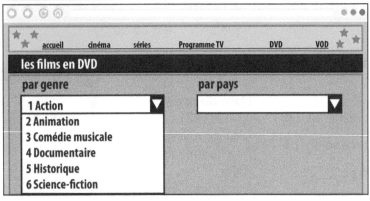

les films en DVD

par genre	par pays

1 Action
2 Animation
3 Comédie musicale
4 Documentaire
5 Historique
6 Science-fiction

b Écoute encore et complète le tableau.
Listen again and complete the table.

Type of film	Dad's opinion	Lucas's opinion	Other comments
documentary	very interesting	boring	Lucas – can't watch with the family on a Saturday evening

Vocabulaire

geler	to freeze
se fâcher	to get angry
se souvenir	to remember
le film d'action	an action film
l'animation (f)	an animated film
la comédie musicale	a musical
le documentaire	a documentary
le film historique	a historical film
le film de science-fiction	a science-fiction film
l'horloge (f)	clock
les aiguilles	hands (of a clock)
le cœur	heart
le synopsis	synopsis
les effets spéciaux	special effects
malheureusement	unfortunately
agaçant(e)	irritating
Tu rigoles!	You must be joking!
Arrête!	Stop it!
Tu as raison!	You're right!

2 Écris les expressions dans la bonne catégorie.
Write the expressions in the correct category.

 tu as raison ~~tu as raison~~

je ne suis pas d'accord

d'accord

ah non, pas ça

je trouve ça agaçant

 tu rigoles

mais non

arrête

bonne idée

c'est très intéressant

Voie express

You are now learning how to vary your use of French and speak and write more naturally. How many ways can you think of to say that you agree or disagree with something? Write them down and look up any that you think you know but can't quite remember. How many ways can you think of to make your sentences longer and more interesting? List them and write a sentence using each one.

👍 agreement   👎 disagreement

Tu as raison!

3 Écoute à nouveau et note qui dit les expressions, Lucas (L) ou Papa (P)?

4 Parlez à deux pour choisir un genre de film.
Talk in pairs to choose a type of film.

A Regarde dans le genre animation /action / documentaire, etc.

B Ah non, pas ça! / Tu rigoles!   D'accord. / Bonne idée.

C'est trop ennuyeux / agaçant. C'est génial / amusant / sympa, ça.

5 Lis le texte. Vrai ou faux?

a Jack was born in Scotland in 1874.

b Jack was born on a very hot day.

c Jack's heart is frozen.

d Jack's new heart is a clock.

e Jack has to remember four rules.

f Jack must not remove the clock's battery.

g Jack must not get angry.

h Jack must not fall over.

Lucas a choisi un film: *Jack et la mécanique du cœur* est l'histoire d'un garçon qui s'appelle Jack et qui est né en 1874 à Édimbourg, en Écosse. Malheureusement, son cœur gèle puisque le jour de sa naissance est le jour le plus froid de l'histoire. On lui fait un nouveau cœur mais c'est une horloge, donc il est très fragile. Pour Jack il y a trois conditions qu'il ne doit jamais oublier:

1 D'abord, il ne doit pas toucher l'aiguille de son horloge.
2 Ensuite, il ne doit pas se fâcher.
3 Finalement, il ne doit jamais tomber amoureux.

6 **a** Fais une liste des quatre mots utilisés dans le texte pour faire des phrases plus longues.
Make a list of the four words used in the text to make longer sentences.

b Utilise les quatre mots pour remplir les blancs.

   a Il fait très froid, ___ le cœur de Jack gèle.

   b La personne ___ fait le nouveau cœur pour Jack est très intelligente.

   c Jack veut tomber amoureux, ___ il ne doit pas.

   d Jack ne doit pas tomber amoureux ___ son cœur est fragile.

Objectifs
- Understand direct object pronouns and indirect object pronouns
- Use the perfect tense with verbs that have an irregular past participle

Langue et grammaire

Direct and indirect object pronouns

Remember that these pronouns go before the verb and that:

- The direct object pronoun for a masculine noun is *le* and for a feminine noun is *la*.
- The direct object pronoun for a plural noun is *les*.
- The indirect object pronoun for one person, whether they are male or female is *lui*.

I post the link on my blog.	*Je poste le lien sur mon blog.*
I post it on my blog.	*Je le poste sur mon blog.*
I take the photo.	*Je prends la photo.*
I take it.	*Je la prends.*

I take photos with my mobile phone.	*Je prends des photos avec mon portable.*
I take them with my mobile phone.	*Je les prends avec mon portable.*
I send my photos to my cousin.	*J'envoie mes photos à mon cousin/ma cousine.*
I send my photos to him/her.	*Je lui envoie mes photos.*

Perfect tense

When you are using the perfect tense, remember to check whether the past participle for the verb you want to use is irregular. Look at pages 128–129 to make sure.

---

1 Écoute et remplis le tableau.

	portable	appareil photo	Facebook	blog	e-mail	slideshow	autres informations
Justine	✓		✓				Also saves them on her tablet

---

2 Fais un sondage. Prépare tes réponses, et pose les questions à dix personnes.

Do a survey. Prepare your answers and ask ten people the questions.

Exemple

A Tu prends tes photos avec quoi?

B Je prends mes photos avec...

A Tu partages tes photos comment?

B Pour partager mes photos je les poste sur... / je les envoie par... / je les télécharge sur... / je crée...

Vocabulaire

commenter	to comment
sauvegarder	to save
prendre des photos	to take photos
créer	to create
un album	an album
un commentaire	a comment
un slideshow	a slideshow
un appareil photo	a camera
la vie privée	private life
blessé(e)	injured

3 Utilise les verbes de la liste pour compléter les commentaires. Associe les photos avec les commentaires.
Use the verbs from the list to complete the comments. Match the photos with the comments.

suis allée   avons mangé   avons fait

sommes allées   ai fait

a    b   c

1 Clara et moi à Nancy. Nous ___ ___ dans les magasins et ensuite nous ___ ___ des glaces.

2 C'est moi – ce matin. Je ___ ___ à la plage et j' ___ ___de la planche à voile.

3 Avec ma cousine en Martinique! Hier nous ___ ___ du surf toute la journée.

4 Lis le texte et réponds aux questions.

a Why does Maeva like going on summer camp?

b Who does she think of when she's tired in the evening?

c Does she take many photos?

d What sort of photo does she choose for her mum and for her dad?

e How does she share her photos with her parents?

J'adore aller en colo à la campagne puisque je fais de l'équitation tous les jours. Mais c'est vrai que le soir quand je suis fatiguée je pense à mes parents et à mes copains. Donc, comme je prends beaucoup de photos, je les regarde. D'abord, je choisis une jolie photo pour ma mère et je lui envoie ça par e-mail. Ensuite, je choisis une photo amusante pour mon père et je lui envoie ça par e-mail aussi. Et finalement, je choisis plusieurs photos de ma journée et je les poste sur mon blog de colo.

5 Associe les verbes de l'e-mail de Maeva avec les bonnes traductions en anglais.
Match the verbs in Maeva's email with the correct English translations.

a he lives   b he fell

c he was born   d it is

e who is called f he wasn't

g he loves it   h it was

6 Trouve une photo pour poster sur un blog. Écris des phrases pour la décrire.
Find a photo to post on a blog. Write a few sentences to describe it.

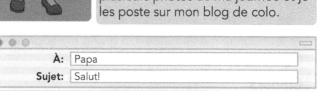

À: Papa
Sujet: Salut!

Salut Papa!
J'ai pris une photo pour toi! C'est un nouveau copain qui s'appelle Louis. Il est né à Paris mais il habite près d'ici maintenant. Il n'a jamais fait de l'équitation avant et ce matin il est tombé – ou presque – de son poney!
Comme il n'était pas blessé c'était drôle. Est-ce qu'il aime l'équitation? Oui! Et il aime le poney? Il l'adore!

Langue et grammaire

Direct and indirect object pronouns

A direct object is the noun (person or thing) in a sentence that the verb is about:
I find **the book** interesting.

An indirect object is the noun (person or thing) in a sentence that the verb is done **to** or **for**:
I'm buying the book for **Abdou**.

Remember, pronouns are used in place of nouns. For example 'it' in place of 'book' and 'him' in place of 'Abdou':
I'm buying **it** for **him**.

In French, direct and indirect object pronouns usually come **before** the verb.

Direct object pronouns

Direct object pronouns in French are:
• *le* = it (in place of a masculine noun)

Je trouve le livre intéressant. Je le trouve intéressant.
• *la* = it (in place of a feminine noun)

Tu aimes la carte postale? – Oui, je la trouve très jolie.
• *les* = them (in place of a plural noun)

Tu aimes mon porte-clés? – Euh, je le trouve curieux.

Indirect object pronouns

Indirect object pronouns in French are:
• *lui* = him or her

Je lui achète un cadeau. I'm buying a present for him/her.
• *leur* = them

Je leur donne mon adresse. I'm giving my address to them.

Colours

Remember that colours go after the noun:
un tee-shirt rose   a pink T-shirt

To say if a colour is dark or light, use *foncé* or *clair* after the colour. For example:
bleu clair   light blue
vert foncé   dark green

Notice that the colour word(s) don't change when used in this way.
une chemise bleue
une chemise bleu clair

Irregular past participles

You know that to form the perfect tense of a verb you use the present tense of the verb *avoir* or *être* and the past participle of the verb. For example, *j'ai mangé* or *je suis allé*. The past participles of some verbs are irregular and it's important to learn them. Here are some common examples:

infinitive		past participle
naître	to be born	*né(e)*
lire	to read	*lu*
écrire	to write	*écrit*

Questions

Here are some question words (interrogatives) and examples of how they can be used:
• *quand* (when)
  When do you eat? = *Tu manges quand?*
• *où* (where)
  Where are you going? = *Tu vas où?*
• *quel(le)* (which)
  Which book are you reading? = *Tu lis quel livre?*
• *qui* (who)
  Who wrote your favourite book? = *Qui a écrit ton livre préféré?*
• *qu'est-ce que* (what)
  What are you writing? = *Qu'est-ce que tu écris?*
• *combien de* (how many)
  How many dogs do you have? = *Tu as combien de chiens?*

Dates

Remember, the way you say a year in French is not the same as the way you say it in English. Think about the differences:
1925   in French you say – *mille neuf cent vingt-cinq*
2002   in French you say – *deux mille deux*

Making longer sentences with *qui*

Remember that the relative pronoun *qui* can be used to bring two sentences together:
Ma grand-mère s'appelle Marta. Elle est née en Espagne.
My grandmother is called Marta. She was born in Spain.
Ma grand-mère, qui s'appelle Marta, est née en Espagne.
My grandmother, who is called Marta, was born in Spain.

Vocabulaire

Les verbes

offrir
se trouver
réaliser
télécharger
survivre
avoir lieu
devenir
grandir
tomber amoureux(–euse)
se marier
divorcer
geler
se fâcher
se souvenir
commenter
sauvegarder
prendre des photos
créer

Les adjectifs

bizarre
ridicule
dégoûtant(e)
mystérieux(–euse)

curieux(–euse)
sinistre
clair(e)
foncé(e)
sombre
géant(e)
vif (m) / vive (f)
agaçant(e)
blessé(e)
catastrophique
aîné(e)

Les souvenirs

l'aimant (m)
le porte-clés
le parapluie
la carte postale
la règle
la tasse
le tapis de souris
le ruban

Le cinéma

la cérémonie d'ouverture
le tapis rouge

la marche
le prix
le/la star
le réalisateur / la réalisatrice
la carrière
le film d'action
l'animation (f)
la comédie musicale
le documentaire
le film historique
le film de science-fiction
le synopsis
les effets spéciaux
le commentaire

Les autres noms

la personne âgée
la mosaïque
la pierre
la hauteur
le réveil
la sculpture
le roman
la nouvelle

l'écrivain(e)
l'auteur(e)
le navire
l'île déserte (f)
le lieu
la naissance
l'horloge (f)
les aiguilles
le cœur
l'album (m)
le slideshow
l'appareil photo (m)
la vie privée
l'œuvre (f)

Les mots utiles

malheureusement
puisque

Les expressions

Tu rigoles!
Arrête!
Tu as raison!

Mission accomplie?

I can...

- [ ] Extend ways of expressing opinions and descriptions
- [ ] Understand direct object pronouns and indirect object pronouns
- [ ] Create longer sentences using connectives
- [ ] Expand and vary descriptions of colour
- [ ] Recognise and use some irregular past participles
- [ ] Ask and answer questions
- [ ] Use *avoir* and *être* to make the perfect tense
- [ ] Say what year something happened
- [ ] Agree or disagree with other people's suggestions
- [ ] Use connectives and relative pronouns to create longer sentences
- [ ] Use the perfect tense with verbs that have an irregular past participle

Vanessa Paradis

Vanessa Paradis est chanteuse, actrice et mannequin. Elle est née à Saint-Maur de Fossé, en France, le 22 décembre 1972. À l'âge de 14 ans elle a eu son premier succès avec la chanson *Joe le Taxi*. En 1989 elle a joué dans le film *Noce blanche* et un an plus tard elle a gagné un prix important pour son travail dans ce film. Elle a joué dans beaucoup d'autres films et en 2012 elle a gagné le Prix Jutra de la meilleure actrice pour son rôle dans *Café de Flore*. En 1998 elle a rencontré et elle est tombée amoureuse de Johnny Depp. Avec Depp, elle a eu deux enfants – une fille, Lily-Rose en 1999, et un fils, John en 2002. En 2012, Depp et Paradis se sont séparés.

 1 **Remplis les blancs avec les bons mots pour former les questions.**
Fill the blanks with the correct words to form the questions.

| qui | combien d' | quand | quel | qui | où |

a Vanessa Paradis est née ___ ?

b Vanessa Paradis est née ___?

c Vanessa Paradis a rencontré ___ en 1998?

d Vanessa Paradis est tombée amoureuse de ___ en 1998?

e Vanessa Paradis a joué dans ___ film en 1989?

f Vanessa Paradis a eu ___ enfants?

 2 **Réponds aux questions de l'exercice 1.**
Answer the questions in exercise 1.

 3 **Parlez à deux. A pose une question sur Vanessa Paradis. B répond à la question. Ensuite changez de rôles.**
Speak in pairs. A asks a question about Vanessa Paradis. B responds. Then swap roles.

Exemple

A Elle est née quand?

B Elle est née en 1972.

4 Quelles phrases au sujet de Vanessa Paradis ne sont pas mentionnées dans le texte?
Which statements about Vanessa Paradis are not mentioned in the text?

a She is a singer, actress and model.

b She got to number one in the UK charts with her song *Joe le Taxi* at the age of 14.

c In 1989 she won an important film award.

d In 2012 Vanessa Paradis won the Jutra Award for best singer.

e Vanessa Paradis and Johnny Depp got married in 1998.

f Vanessa Paradis's daughter is called Lily-Rose.

g Vanessa Paradis's son was born in 2002.

h Johnny Depp and Vanessa Paradis divorced in 2012.

5 Écris une biographie de Daniel Auteuil. Utilise les verbes de la liste.
Write a biography of Daniel Auteuil. Use the verbs from the list.

Il est né   Il s'est marié avec   Il a divorcé   Il a eu   Il a gagné

Nom:	Daniel Auteuil
Nationalité:	français
Métier:	acteur
Date de naissance:	24/01/1950
Lieu de naissance:	Alger, Algérie
Marriage:	Anne Jousset [1968–1983], Émmanuelle Béart [1993–1995], Aude Ambroggi [2006–]
Enfants:	deux filles – Aurore [1980], Nelly [1992]
Films:	beaucoup
Prix:	1987 César – meilleur acteur (*Jean de Florette*) 1996 Cannes – meilleur acteur (*Le huitième jour*)

1 **Lis les phrases. Remplis les blancs avec le bon adjectif de la liste et choisis le, la ou les.**
Read the sentences. Fill the gaps with the correct adjective from the list and choose the correct direct object pronoun.

moche   bizarre   dégoûtant   mystérieux   curieux   réaliste   jolies   sinistres

a Ce tableau n'est vraiment pas joli – je **le/la/les** trouve ___ .

b Quand je regarde ce tableau je me sens malade – je **le/la/les** trouve ___ .

c Regarde toutes les fleurs dans ce tableau – je **le/la/les** trouve très ___ .

d Dans ce tableau il y a plein de secrets – je **le/la/les** trouve très ___ .

e Ce tableau est comme une photo – je **le/la/les** trouve très ___ .

f Je regarde ce tableau et j'ai beaucoup de questions – je **le/la/les** trouve ___ .

g À mon avis les personnes dans ce tableau sont vraiment méchantes. Je **le/la/les** trouve ___ .

h Il y a une créature avec sept jambes et trois têtes – je **le/la/les** trouve ___ .

2 **Résous les anagrammes pour trouver 14 verbes qui forment le passé composé avec être.**
Solve the anagrams to find 14 verbs that use être in the perfect tense.

rlale   varrrie   envir   eenirvd   nerert   seceedndr   otirrs
ratipr   eestrr   oturnerer   tnmoer   eotmbr   aîtrne   ourrim

3 **Traduis chaque verbe en anglais. Cherche les verbes que tu ne connais pas dans un dictionnaire.**
Translate each verb into English. Look up the ones you don't know in a dictionary.

4 **a** Écris les participes passés de ces verbes.
Write the past participles of these verbs.

naître   mourir   écrire   lire   devenir   gagner   se marier   divorcer   avoir

b Remplis les blancs avec la bonne partie du verbe *avoir* ou *être* et choisis dans *a* le bon participe passé pour former des phrases au passé composé.
Fill the gaps with the correct form of avoir or être and then choose from a the correct past participles to form sentences in the perfect tense.

1 Son père <u>est devenu</u> professeur.

2 Pendant les vacances Sophie ___ ___ trois livres.

3 Véronique ___ ___ quatre enfants; Lucas, Chloé, Max et Zoé.

4 Son grand-père ___ ___ le 23 avril 1902, et il ___ ___ le 8 novembre 1990.

5 L'écrivain ___ ___ son premier livre en 1865.

6 Abdou ___ ___ un prix dans une compétition.

7 Elle s'___ ___ dans une petite église à la campagne.

8 Malheureusement, après 10 ans de mariage ils ___ ___ .

5 Lis le texte et les bulles. Qui va aimer *Amazonia*?
Read the text. Who is going to enjoy Amazonia?

à la suite de – following   parmi les siens – amongst his own

Amazonia

Ce film est un documentaire vraiment pas comme les autres. À la suite d'un accident d'avion, un jeune singe capucin né en captivité se retrouve seul au cœur de la forêt amazonienne. Il doit apprendre à se protéger et s'adapter à cet univers inconnu, souvent merveilleux mais aussi étrange et hostile.
Héros d'une extraordinaire aventure, le petit singe fait un long voyage pour découvrir que pour survivre dans ce monde il doit trouver une place parmi les siens...

J'adore les films avec plein de chansons et de la danse.

Moi, j'aime les films où on apprend beaucoup de choses sur les animaux et la nature.

J'aime bien les films avec des monstres qui viennent d'autres planètes.

Je préfère les animations, moi.

6 Lis le texte à nouveau. Vrai ou faux?
Reread the text. True or false?

a The film *Amazonia* is very original.

b The monkey was born in the jungle.

c Following a plane crash the monkey finds itself on a desert island.

d To survive the monkey has to learn how to protect itself.

e The new world the monkey finds itself in is amazing but also dangerous.

f The monkey realises that it must escape to survive.

7 Remplace les mots soulignés avec *le*, *la* ou *les* et réécris les phrases.
Replace the underlined words with the direct object pronoun le, la *or* les *and rewrite the sentences.*

a Félix trouve <u>ce film</u> ennuyeux.

b Je trouve <u>le singe</u> très mignon.

c Thomas trouve <u>la forêt</u> très belle.

d Au début le singe trouve <u>l'univers inconnu</u> très difficile.

e Le singe trouve <u>son voyage</u> merveilleux.

f Manon trouve <u>les documentaires</u> très intéressants.

C'est à moi!

Read the final episode of the comic strip to find out what happens in the match.

LE MATCH COMMENCE DANS CINQ MINUTES. COLLÈGE SAINT-MARC BASKET CONTRE CHARTRES COLLÈGE BASKET.

ALLEZ! C'EST L'HEURE. BONNE CHANCE!

COLLÈGE SAINT-MARC BASKET A MARQUÉ

TROIS PANIERS DE PLUS QUE CHARTRES COLLÈGE BASKET!

ALLEZ SAINT-MARC!

OUAH!

HOURRAH!

Collège Saint-Marc Basket!

C'EST À MOI MAINTENANT.

SAINT-MARC A GAGNÉ!

TU AS TRÈS BIEN JOUÉ, MANON.

MERCI!

LES COPAINS DE MANON, FÉLIX ET ABDOU SONT TRÈS FIERS.

Félix Fournier
25 mai

Avec Abdou, Manon, Oscar, Enzo et Léo.

J'aime Commenter Partager

Abdou, Manon, Justine et 12 autres personnes aiment ça.

1 partage

Résumé

C'est l'heure de la finale. Félix encourage l'équipe. Le match commence et Saint-Marc marque plus de paniers que Chartres. Et Manon, est-ce qu'elle joue bien? Oui, elle aussi a marqué des points. Oscar et des copains regardent le match. Ils crient beaucoup. Puis, c'est fini. Paris a gagné. Mathieu Hardy présente le trophée et parle avec Manon. Elle est ravie. Félix poste une photo sur Facebook. Ses amis sont très fiers.

Activité

Imagine that you write for Collège Saint-Marc's school newspaper. Write a short report about the match.

Writing skills

Writing in French can be a challenge but with some careful planning and thought it can be fun too.

a À deux, écrivez une liste des choses qu'on peut faire avant de commencer un exercice à l'écrit.

In pairs, make a list of the things you can do before you start a writing activity.

b Écoutez et comparez votre liste avec la liste de Félix. Ajoutez des idées utiles.

Listen and compare your list with Félix's list. Add ideas you think are useful.

When you are stuck for ideas, ask yourself questions about the things or people you have been asked to write about. For example, imagine you've been asked to write about a member of your family. You decide to write about your grandfather. Look at how this technique works.

I'll write about Grandad...	**Mon grand-père...**
What's he called?	Mon grand-père s'appelle Jean.
How old is he?	Il a soixante-huit ans.
Where was he born?	Il est né à Nice.
Where does he live?	Il habite à Marseille.
Where is Marseille?	Marseille est dans le sud de la France.
Do you live near him?	Non, j'habite à Lille dans le nord de la France.
Do you see him often?	Non, je le vois seulement deux fois par an.
What does he look like?	Il est grand et mince. Il a les cheveux gris.

Imagine d'autres questions et écris les réponses.

Think of some more questions and write the answers.

In this module, you've learned about how connectives and relative pronouns can help you to write longer, more sophisticated sentences and so improve your writing.

a Trouve dans le serpent les dix mots que tu peux utiliser pour faire des phrases plus longues.

Find the ten words or expressions in the snake that you can use to make longer sentences.

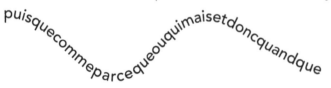

b Utilise ces mots pour écrire des phrases plus longues pour les réponses de l'exercice 2.

Use these words to write longer sentences for the answers in exercise 2.

Use adjectives as much as you can to make your writing more interesting. Here's a strategy you can use to help. Think about the things or people you are writing about, imagine them as a picture and consider the adjectives you might use to describe different parts of the picture. You can do this at any stage of the writing process. For example:

people
triste   enervée
irritée
fâchée   malade

journey
long   ennuyeux
inconfortable

4

Choisis une des images et crée des nuages d'adjectifs. Utilise un dictionnaire.
Choose one of the pictures and create some adjective clouds. Use a dictionary.

Being accurate is very important if you want to write well in French. Always check the following:
• Nouns: gender, singular or plural?
• Adjectives: agreements?
• Verbs: the form and tense used

5

Compléte et corrige les phrases.

a **Le/La** tableau est **belle** et très **intéressant**.

b C'est **un/une** film un peu **bizarre** mais **amusante**.

c Tu as vu **mon/ma** montre? Je **le/la** trouve **joli**.

d Ce matin j'ai reçu **son/sa** carte postale. Il a visité **le/la** maison de Jules Verne – **il/elle** est assez **grand**.

6

Lis le texte et d'abord écris une liste des verbes. Puis corrige les erreurs.
Read the text and first make a list of the verbs. Then correct any mistakes.

L'été dernier j'ai allé en Martinique. C'était super! J'ai visiter la maison de ma cousine Emma, qui habites là-bas, à Saint-Pierre. Moi, j'habiter à Montréal au Canada avec ma mère et mon père. Mon père es né en Martinique. Ma mère a une sœur qui habites à Paris, en France. Je n'as pas de sœurs ou de frères.

Pronunciation reference

Accented letters

Accents provide helpful information on pronunciation and help you tell apart different words with the same spellings.

é	Remember that if you see é in a word, it must be pronounced even if it comes before another vowel. For example, the *éa* in *idéaliste* is heard as two separate vowels.	p12

Letter combinations

ion	Notice how the letters *–ion* at the end of a word are pronounced slightly differently in French. For example, compare the English word 'connection' with the French *connexion*.	p14
ouill	Notice how the letters *ouill* are pronounced, for example in *bouillabaisse*.	p32
th	Remember that *th* in French is always pronounced like a 't'. For example *le thé* and *le thon*.	p38
ll	Notice the difference in the pronunciation of *ll* in *maillot/meilleur* compared to *mille/million*.	p86

Tips and reminders

Just like in English, some letters in French are silent. Here are some rules to help you remember which they are:

1	Adjectives	Remember that some adjectives are pronounced differently in their masculine and feminine forms, for example *furieux* and *furieuse*.	p58
2	Cognates	Make sure you pronounce cognates and near cognates correctly. Some are pronounced similarly to English, for example *la baie*, but some are different, such as *le climat* and *un glacier*.	p60
3	Final *e*	Don't forget the difference in pronunciation if there is an *e* at the end of a word, e.g. *demain* and *semaine*. The same difference is heard in the masculine and feminine forms of *prochain(e)*.	p80
4	Places	You might think that if the name of a place is spelled the same, or nearly the same, in French as in English, it will be pronounced the same way. Be careful! That is not always the case. For example: *Turin*, *Athènes* and *Brésil*.	p84
5	Names	Also remember that the rules of pronunciation that you have learned also apply to names. You often do not pronounce the final letter. For example: *Cannes Yves Signoret Allégret Montand*	p110

Phonics

You often don't get all of the information you need to pronounce a word from its spelling, so linguists use symbols from the International Phonetic Alphabet (IPA) to represent sounds. Here are all of the sounds used in French.

	Name	IPA symbol	Common spellings	Examples
Vowels	closed a	ɑ	as, â	**pas**, **pâte**
	open a	a	a	**ami**
	closed e	e	ai, é, es, er, ez, ei	j'**ai**, **été**, **les**, **aller**, **chez**, ens**ei**gner
	open e	ɛ	è, ê, e, ei, ai	m**è**re, t**ê**te, **est**, tr**ei**ze, f**ai**te
	mute e	ə	e	l**e**
	i	i	i, y	**il y a**
	closed o	o	o, ô, au, eau	r**o**se, h**ô**tel, **au** Canada, l'**eau**
	open o	ɔ	o	p**o**mme
	closed eu	ø	eu, œu	il pl**eu**t, **œu**fs
	open eu	œ	eu, œu	profess**eu**r, s**œu**r
	ou	u	ou	n**ou**s
	u	y	u, û	t**u**, s**û**r
Nasal sounds	nasal a	ɑ̃	an, am, en, em	s**an**s, ch**am**bre, **en**fant, t**em**ps
	nasal e	ɛ̃	in, im	p**ain**, **im**patient
	nasal o	ɔ̃	on, om	s**on**, n**om**
	nasal eu	œ̃	un, um	**un**, parf**um**
Semi-vowels		j	l, i, ll, y	o**eil**, ad**i**eu, fi**ll**e, **y**eux
		w	oi, ou	m**oi**, **ou**i
		ɥ	u	n**u**it
Consonants		b	b	**b**on
		d	d	**d**ans
		f	f, ph	neu**f**, **ph**armacie
		g	g	**g**are
		k	c, ch, k, qu	sa**c**, **ch**aos, s**k**i, **qu**inze
		l	l, ll	**l**e, mi**ll**e
		m	m, mm	**m**agasin, fe**mm**e
		n	n, nn	**n**ez, bo**nn**e
		ɲ	gn	a**gn**eau
		p	p	**p**lage
		ʁ	r	**r**oue
		s	c, ç, s, ss, sc, ti	**c**inq, **ç**a, sa**c**, poi**ss**on, pi**sc**ine, atten**ti**on
		ʃ	ch, sh	**ch**at, **sh**ort
		t	t, th	**t**out, **th**é
		v	v	**v**ous
		z	s, z	mai**s**on, **z**oo
		ʒ	g, j	**g**énial, **j**e

Verb tables

The majority of French verbs follow a regular pattern when you use them to form other tenses. However, there are a number of 'irregular verbs' in French that do not follow the usual patterns. Instead, they have their own patterns, which you should memorise.

These tables show how some important irregular verbs behave in the present, perfect, imperfect and future tenses, together with the *tu* and *vous* forms of the imperative. For more information on these tenses, go to pages 130–131.

boire (to drink)

PRESENT		PERFECT	
je	bois	j'	ai bu
tu	bois	tu	as bu
il/elle/on	boit	il/elle/on	a bu
nous	buvons	nous	avons bu
vous	buvez	vous	avez bu
ils/elles	boivent	ils/elles	ont bu

IMPERFECT		FUTURE	
je	buvais	je	boirai
tu	buvais	tu	boiras
il/elle/on	buvait	il/elle/on	boira
nous	buvions	nous	boirons
vous	buviez	vous	boirez
ils/elles	buvaient	ils/elles	boiront

IMPERATIVE   bois / buvez

aller (to go)

PRESENT		PERFECT	
j'	vais	je	suis allé(e)
tu	vas	tu	es allé(e)
il/elle/on	va	il/elle/on	est allé(e)
nous	allons	nous	sommes allé(e)s
vous	allez	vous	êtes allé(e)(s)
ils/elles	vont	ils/elles	sont allé(e)s

IMPERFECT		FUTURE	
j'	allais	j'	irai
tu	allais	tu	iras
il/elle/on	allait	il/elle/on	ira
nous	allions	nous	irons
vous	alliez	vous	irez
ils/elles	allaient	ils/elles	iront

IMPERATIVE   va / allez

devoir (to have to)

PRESENT		PERFECT	
je	dois	j'	ai dû
tu	dois	tu	as dû
il/elle/on	doit	il/elle/on	a dû
nous	devons	nous	avons dû
vous	devez	vous	avez dû
ils/elles	doivent	ils/elles	ont dû

IMPERFECT		FUTURE	
je	devais	je	devrai
tu	devais	tu	devras
il/elle/on	devait	il/elle/on	devra
nous	devions	nous	devrons
vous	deviez	vous	devrez
ils/elles	devaient	ils/elles	devront

IMPERATIVE   dois / devez

avoir (to have)

PRESENT		PERFECT	
j'	ai	j'	ai eu
tu	as	tu	as eu
il/elle/on	a	il/elle/on	a eu
nous	avons	nous	avons eu
vous	avez	vous	avez eu
ils/elles	ont	ils/elles	ont eu

IMPERFECT		FUTURE	
j'	avais	j'	aurai
tu	avais	tu	auras
il/elle/on	avait	il/elle/on	aura
nous	avions	nous	aurons
vous	aviez	vous	aurez
ils/elles	avaient	ils/elles	auront

IMPERATIVE   aie / ayez

être (to be)

PRESENT		PERFECT	
je	suis	j'	ai été
tu	es	tu	as été
il/elle/on	est	il/elle/on	a été
nous	sommes	nous	avons été
vous	êtes	vous	avez été
ils/elles	sont	ils/elles	ont été

PERFECT		FUTURE	
j'	étais	je	serai
tu	étais	tu	seras
il/elle/on	était	il/elle/on	sera
nous	étions	nous	serons
vous	étiez	vous	serez
ils/elles	étaient	ils/elles	seront

IMPERATIVE   sois / soyez

faire (to do; to make)

PRESENT		PERFECT	
je	fais	j'	ai fait
tu	fais	tu	as fait
il/elle/on	fait	il/elle/on	a fait
nous	faisons	nous	avons fait
vous	faites	vous	avez fait
ils/elles	font	ils/elles	ont fait

IMPERFECT		FUTURE	
je	faisais	je	ferai
tu	faisais	tu	feras
il/elle/on	faisait	il/elle/on	fera
nous	faisions	nous	ferons
vous	faisiez	vous	ferez
ils/elles	faisaient	ils/elles	feront

IMPERATIVE   fais / faites

prendre (to take)

PRESENT		PERFECT	
je	prends	j'	ai pris
tu	prends	tu	as pris
il/elle/on	prend	il/elle/on	a pris
nous	prenons	nous	avons pris
vous	prenez	vous	avez pris
ils/elles	prennent	ils/elles	ont pris

IMPERFECT		FUTURE	
je	prenais	je	prendrai
tu	prenais	tu	prendras
il/elle/on	prenait	il/elle/on	prendra
nous	prenions	nous	prendrons
vous	preniez	vous	prendrez
ils/elles	prenaient	ils/elles	prendront

IMPERATIVE   prends / prenez

mettre (to put)

PRESENT		PERFECT	
je	mets	j'	ai mis
tu	mets	tu	as mis
il/elle/on	met	il/elle/on	a mis
nous	mettons	nous	avons mis
vous	mettez	vous	avez mis
ils/elles	mettent	ils/elles	ont mis

IMPERFECT		FUTURE	
je	mettais	je	mettrai
tu	mettais	tu	mettras
il/elle/on	mettait	il/elle/on	mettra
nous	mettions	nous	mettrons
vous	mettiez	vous	mettrez
ils/elles	mettaient	ils/elles	mettront

IMPERATIVE   mets / mettez

voir (to see)

PRESENT		PERFECT	
je	vois	j'	ai vu
tu	vois	tu	as vu
il/elle/on	voit	il/elle/on	a vu
nous	voyons	nous	avons vu
vous	voyez	vous	avez vu
ils/elles	voient	ils/elles	ont vu

IMPERFECT		FUTURE	
je	voyais	je	verrai
tu	voyais	tu	verras
il/elle/on	voyait	il/elle/on	verra
nous	voyions	nous	verrons
vous	voyiez	vous	verrez
ils/elles	voyaient	ils/elles	verront

IMPERATIVE   vois / voyez

pouvoir (to be able)

PRESENT		PERFECT	
je	peux	j'	ai pu
tu	peux	tu	as pu
il/elle/on	peut	il/elle/on	a pu
nous	pouvons	nous	avons pu
vous	pouvez	vous	avez pu
ils/elles	peuvent	ils/elles	ont pu

IMPERFECT		FUTURE	
je	pouvais	je	pourrai
tu	pouvais	tu	pourras
il/elle/on	pouvait	il/elle/on	pourra
nous	pouvions	nous	pourrons
vous	pouviez	vous	pourrez
ils/elles	pouvaient	ils/elles	pourront

IMPERATIVE   *not used*

vouloir (to want)

PRESENT		PERFECT	
je	veux	j'	ai voulu
tu	veux	tu	as voulu
il/elle/on	veut	il/elle/on	a voulu
nous	voulons	nous	avons voulu
vous	voulez	vous	avez voulu
ils/elles	veulent	ils/elles	ont voulu

IMPERFECT		FUTURE	
je	voulais	je	voudrai
tu	voulais	tu	voudras
il/elle/on	voulait	il/elle/on	voudra
nous	voulions	nous	voudrons
vous	vouliez	vous	voudrez
ils/elles	voulaient	ils/elles	voudront

IMPERATIVE   veuille / veuillez

The near future

To talk about what you are going to do in the near future, you can use the verb *aller* followed by an infinitive:

Samedi, nous allons visiter le musée.   On Saturday, we're going to visit the museum.

The perfect tense

Use the perfect tense to talk about something you did in the past. It is made up of two parts: the present tense of *avoir* or *être* and the French past participle:

*J'**ai joué** avec mes copains.*   I played with my friends.

Most verbs form the perfect tense with *avoir*. There are two main groups of verbs which form their perfect tense with *être* instead: all reflexive verbs and a group of verbs that are to do with movement or change, which includes:

aller	to go	entrer	to go in, to come in
venir	to come	sortir	to go out, to come out
arriver	to arrive, to happen	mourir	to die
partir	to leave, to go	naître	to be born
descendre	to go down, to come off, to get off	rester	to stay
monter	to go up, to come up	tomber	to fall

With these verbs, the past participle agrees with the **subject**. This means you need to add an *e* if the subject is feminine, an *s* if it is plural, and *es* if it is feminine plural.

*Sophie et Maeva **sont allées** en Espagne.*   Sophie and Maeva went to Spain.

Irregular past participles

The past participles of some verbs are irregular and it's important to learn them. Here are some commonly used verbs that have irregular past participles:

naître	to be born	*né(e)*
lire	to read	*lu*
écrire	to write	*écrit*

The imperative

You use the imperative form of a verb to tell someone what to do.

- If you are speaking to more than one person, or someone you don't know well, use the *vous* form of the verb, but without the word *vous*:
  Pensez à notre planète. Think of our planet.

- When you are speaking directly to a person you know well, use the *tu* form of the present tense of a verb, without the *tu*. For –er verbs you also take the letter *s* off the end:
  Monte au premier étage. Go up to the first floor.

Note that some verbs, like the verb *être*, have irregular imperative forms:

Soyez gentils!   Be kind!

The imperfect tense

Forming the imperfect tense

The imperfect tense is used to describe a past situation or to talk about what you used to do in the past. You form it like this:

1 Take the *nous* form of the present tense, e.g. *habitons*
2 Remove *–ons* so you are left with the stem, e.g. *habit–*
3 Finally, add one of the following endings:

je –ais	*nous –ions*
tu –ais	*vous –iez*
il/elle/on –ait	*ils/elles –aient*

Être is the only irregular verb in the imperfect tense. It has the irregular stem *ét–* and uses the same endings as all other verbs.

Reflexive verbs in the imperfect tense

When you are using a reflexive verb in the imperfect tense, don't forget the reflexive pronoun:

*je **me** levais*	*nous **nous** levions*
*tu **te** levais*	*vous **vous** leviez*
*il/elle/on **se** levait*	*ils/elles **se** levaient*

The future tense

The formal way of talking about the future in French is to use the future tense. To form the future tense of regular verbs, you simply need to add the following endings to the infinitive:

*je visiter**ai***
*tu visiter**as***
*il/elle/on visiter**a***

An easy way of remembering these endings is to note they are the same as the present tense of *avoir*.

Irregular verbs in the future tense

A number of common verbs have an irregular stem in the future tense but the endings are still the same:

infinitive	stem	future tense
aller	*ir–*	*j'irai, tu iras, il/elle/on ira*
faire	*fer–*	*je ferai, tu feras, il/elle/on fera*
être	*ser–*	*je serai, tu seras, il/elle/on sera*

Articles

The definite article

In French, the definite article can be *le*, *la*, *l'* or *les*:

J'adore **le** poisson.	I love fish.
Je déteste **la** viande.	I hate meat.
Je déteste **l'**ail.	I hate garlic.
Je craque pour **les** fruits de mer.	I can't resist seafood.

Saying 'some' and 'any'

The words 'some' and 'any' are often left out in English but you can't leave them out in French. Use *du* with masculine nouns, *de la* with feminine nouns, *de l'* before a vowel and *des* with plural nouns:

Je voudrais **du** pain et **de l'**eau.   I'd like some bread and water.

After a negative, *un*, *une*, *du*, *de la*, *de l'* and *des* all change to *de*:

Je n'ai pas **de** fourchette.   I don't have a fork.

Expressions of quantity

Words expressing a quantity are followed by *de*. Not *du*, not *de la*, not *des*; just *de*!

beaucoup **de** légumes   lots of vegetables
250 grammes **de** farine   250 grams of flour

Remember that *plus* followed by *de* can be used with a noun or an adverb to mean 'more', and *moins* followed by *de* is used to mean 'less':

plus de sucre   more sugar
moins de lait   less milk

Adjectival agreement

Remember, French adjectives agree with the noun they describe.

- For most adjectives, just add an *e* to describe a feminine noun.
- If the adjective already ends in *–e*, there's no need to add another.
- Adjectives ending in *–ien* change to *–ienne*.
- Adjectives ending in *–if* change to *–ive*.

When adjectives are introduced with *c'est* and not followed by a noun, they remain masculine singular.

C'est énervant.   It's annoying.

Reflexive verbs

Here are the reflexive pronouns that you use for each part of the verb *se lever* (to get up):

je **me** lève	nous **nous** levons
tu **te** lèves	vous **vous** levez
il/elle/on **se** lève	ils/elles **se** lèvent

When you're using a reflexive verb in a negative sentence, the two words which form the negative (*ne … pas, ne … jamais*, etc.) go around the reflexive pronoun and the verb:

Je ne me lève pas.   I do not get up.

Numbers

High numbers

Use the words *cent* (a hundred), *mille* (a thousand) and *un million* (one million) to construct high numbers:
1903 mille neuf cent trois
2013 deux mille treize
3400 trois mille quatre cents

When talking about dates, introduce the year with the preposition *en*:
Je suis né en deux mille deux.   I was born in 2002.

Ordinal numbers

The word for 'first' is *premier* for masculine nouns and *première* for feminine nouns. To make the other ordinal numbers, simply add *ième*. For numbers ending in *e*, remove the *e* before adding the ending.
2nd   *deuxième*
4th   *quatrième*
100th   *centième*

Pronouns

Il and elle

Il and *elle* are *pronouns*. They are used in place of a noun. Use *il* and *elle* (and not *c'est*) when the person reading or listening already knows which particular noun (person or thing) they are being used in place of: *il* for a masculine noun, and *elle* for a feminine noun.
Le théâtre? Il est à côté du cinéma. The theatre? It's next to the cinema.

Direct object pronouns

Direct object pronouns in French are:
- *le* = it (in place of a masculine noun)

  Je trouve le livre intéressant. Je le trouve intéressant.
- *la* = it (in place of a feminine noun)

  Tu aimes la carte postale? – Oui, je la trouve très jolie.
- *les* = them (in place of a plural noun)

  Tu aimes mon porte-clés? – Euh, je le trouve curieux.

Indirect object pronouns

Indirect object pronouns in French are:
- *lui* = him or her

  *Je **lui** achète un cadeau.* I'm buying a present for him/her.
- *leur* = them

  *Je **leur** donne mon adresse.* I'm giving my address to them.

Disjunctive pronouns

A disjunctive pronoun is used after certain prepositions, such as *avec* (with) and *à* (to).

*Tu peux venir avec **moi**.*	You can come with me.
*Je veux aller avec **toi**.*	I want to go with you.
*Je m'entends bien avec **lui**.*	I get on well with him.
*Il s'entend bien avec **elle**.*	He gets on well with her.

Aa

à côté de	prep	next to
à l'étranger	prep	abroad
à pois	adj	spotted, polka-dot
abricot	nm	apricot
accès Internet	nm	internet access
acide	adj	sharp, sour
acrobatie	nf	acrobatics
agaçant(e)	adj	irritating
Aïd el-Fitr	nm	Eid al-Fitr
aider	vb	to help
aiguille	nf	needle, hand of a clock
aimant	nm	magnet
aîné(e)	adj	older
album	nm	album
aller	vb	to go
allergique à	adj	allergic to
alors	adv	then, so
amande	nf	almond
amer (f amère)	adj	bitter
ananas	nm	pineapple
animation	nf	animation
appareil photo	nm	camera
apparence	nf	appearance
Ardèche	nf	Ardèche (area of France)
Arrête!	excl	Stop it!
arrivée	nf	arrival, finish
assiette	nf	plate

atelier	nm	workshop
athlète handicap(e)	nm/f	athlete with a disability
attendre	vb	to wait for, to expect
au bout de	prep	at the end of, after
auteur	nm	author
autoritaire	adj	bossy
avalanche	nf	avalanche
avant	prep	before
aviron	nm	rowing
avoir lieu	vb	to take place

Bb

baie	nf	bay
banane plantain	nf	plantain banana
barbant(e)	adj	boring
baskets	npl	trainers
bateau	nm	boat
bête	adj	silly, stupid
beurk	excl	yuck
beurre	nm	butter
bien avant	prep	well before
bizarre	adj	weird, bizarre
blessé(e)	adj	injured
boire	vb	to drink
bol	nm	bowl
Bonne chance!	excl	Good luck!
bouder	vb	to sulk
bouger	vb	to move, to get going

Brésil	*nm*	*Brasil*
Bretagne	*nf*	*Brittany*
but	*nm*	*goal*

Cc

cadeau (pl cadeaux)	*nm*	*present, gift*
café	*nm*	*café, coffee*
cannelle	*nf*	*cinnamon*
cantine	*nf*	*canteen*
carottes râpées	*npl*	*grated carrots*
carrière	*nf*	*career*
cartable	*nm*	*(school)bag*
carte postale	*nf*	*postcard*
casque	*nm*	*helmet*
cassé(e)	*adj*	*broken*
casser	*vb*	*to break*
catastrophique	*adj*	*disastrous, catastrophic*
CDI	*nm*	*school library*
ce jour-là	*adv*	*on that day*
centre-ville	*nm*	*town centre*
cérémonie d'ouverture	*nf*	*opening ceremony*
cerise	*nf*	*cherry*
C'est a moi!	*excl*	*It's my turn!*
ceux-ci	*pron*	*these*
chaque année	*adv*	*every year*
chatter	*vb*	*to chat*
cheval (pl chevaux)	*nm*	*horse*
choqué(e)	*adj*	*shocked*

chose	*nf*	*thing*
chouette	*adj*	*great*
circulation	*nf*	*circulation, traffic*
citron	*nm*	*lemon*
clair(e)	*adj*	*light (of a colour)*
climat	*nm*	*climate*
club extrascolaire	*nm*	*after-school club*
cœur	*nm*	*heart*
combien	*adv*	*how much, how many*
comédie musicale	*nf*	*musical*
comme	*conj*	*like, as*
commentaire	*nm*	*remark, comment*
commenter	*vb*	*to comment on*
complètement	*adv*	*completely*
connexion	*nf*	*connection*
connu(e)	*adj*	*well-known*
conseils	*npl*	*advice*
contacter	*vb*	*to contact*
contre	*adv*	*against*
côté	*nm*	*side*
couloir	*nm*	*corridor*
Coupe de France	*nf*	*the French cup*
cour	*nf*	*courtyard*
coureur	*nm*	*racer*
courir	*vb*	*to run*
cours	*nm*	*class, lesson*
course	*nf*	*race*

couteau (pl couteaux)	nm	knife
craquer pour ...	vb	to find ... irresistible
créatif (f créative)	adj	creative
créer	vb	to create
crevette	nf	prawn
crier	vb	to shout
cuillère	nf	spoon
cuillerée	nf	spoonful
cuisine	nf	kitchen
cuit(e)	adj	cooked
curieux(euse)	adj	strange, curious
cyclone	nm	hurricane

Dd

date limite	nf	deadline
de l'autre côté	prep	on the other side
de toute manière	adv	in any case
déçu(e)	adj	disappointed
dégoûtant(e)	adj	disgusting
dégueulasse	adj	disgusting (inf)
dehors	adv	outdoors, outside
déjeuner	nm	to have lunch
délégué(e) de classe	nm/f	class representative
délicieux (f délicieuse)	adj	delicious
demain	adv	tomorrow
depuis	prep	since, for
dérivé(e)	adj	derived

dès que	conj	as soon as
descendre	vb	to go down, to come down
désolé(e)	adj	sorry
dessert	nm	dessert
deuxième	adj	second
devenir	vb	to become
devoir	vb	to have to
dinde	nf	turkey
dîner	nm	dinner
dîner	vb	to have dinner
directement	adv	directly
discuter	vb	to dicuss
distraction	nf	distraction, entertainment
divorcer	vb	to divorce
documentaire	nm	documentary
Dordogne	nf	Dordogne (area of France)
dune	nf	dune
durer	vb	to last

Ee

école secondaire	nf	secondary school
écrivain	nm	writer
effets spéciaux	npl	special effects
égoïste	adj	selfish
élection	nf	election
élevé(e)	adj	high
émission	nf	(TV) programme
en cas de	prep	in the event of

en face de	prep	opposite
en vacances	prep	on holiday
endroit	nm	place
énervant(e)	adj	irritating
entrée	nf	starter
envoyer	vb	to send
épicé(e)	adj	spicy
épuisé(e)	adj	exhausted
équipe	nf	team
escalade	nf	climbing
escalader	vb	to climb
espace	nm	space
Espagne	nf	Spain
étage	nm	floor
étape	nf	stage
États-Unis	npl	the United States (of America)
être	vb	to be
éviter	vb	to avoid
expliquer	vb	to explain
exprimer	vb	to express

Ff

facilement	adv	easily
faire	vb	to do, to make
faire attention	vb	to pay attention
faire cuire	vb	to cook
faire du roller	vb	to go roller-skating
faire du skateboard	vb	to skateboard

faire partie de	vb	to be part of
farine	nf	flour
fascinant(e)	adj	fascinating
fast-food	nm	fast-food restaurant
fauteuil roulant	nm	wheelchair
fête	nf	holiday, festival
feuille de bananier	nf	banana leaf
fiable	adj	reliable
fier (f fière)	adj	proud
film d'action	nm	action film
film de science-fiction	nm	science-fiction film
film historique	nm	historical film
fin	nf	end
finale	nf	finals, final
flamme	nf	flame
foncé(e)	adj	dark (of a colour)
fondu(e)	adj	melted
fourchette	nf	fork
fraise	nf	strawberry
framboise	nf	raspberry
frites	npl	chips
fruits de mer	npl	seafood
frustré(e)	adj	frustrated
furieux (f furieuse)	adj	furious

Gg

gagnant	nm	winner
gagner	vb	to win

gants	npl	gloves
garder	vb	to keep
gâté(e)	adj	spoiled
géant(e)	adj	gigantic
geler	vb	to freeze
généralement	adv	generally
généreux (f généreuse)	adj	generous
gingembre	nm	ginger
glace	nf	ice cream
glacier	nm	glacier
goûter	vb	to taste
gramme	nm	gramme
grandir	vb	to grow
Grèce	nf	Greece
grimpeur	nm	climber
gymnase	nm	gym

Hh

habitant(e)	nm/f	inhabitant
haricot	nm	bean
haut(e)	adj	high
hauteur	nf	height
hésiter	vb	hesitate
hier	adv	yesterday
hockey sur glace	nm	ice hockey
horloge	nf	clock
huile	nf	oil
humide	adj	humid

Ii

idéaliste	adj	idealistic
idée	nf	idea
île déserte	nf	desert island
imagination	nf	imagination
incendie de forêt	nm	forest fire
inconvénient	nm	disadvantage
inondation	nf	flood
inquiet (f inquiète)	adj	worried
inventer	vb	to invent
irrité(e)	adj	irritated
Italie	nf	Italy

Jj

J'en ai marre!	excl	I've had enough!
jardin des plantes	nm	botanical garden
Jeux olympiques	npl	Olympic Games
JO	npl	see Jeux olympiques
jogging	nm	jogging
joueur	nm	player
jour de fête	nm	holiday
juif (f juive)	adj	Jewish
jus de fruit	nm	fruit juice
juste	adj	fair

Ll

là où	adv	where
là-bas	adv	there
laboratoire	nm	laboratory

laisser reposer	vb	to leave to rest
lait	nm	milk
large	adj	wide, large
légume	nm	vegetable
lendemain	nm	the next day
lieu (pl lieux)	nm	place
logique	adj	logical
loin	adv	far
long(ue)	adj	long
longtemps	adv	for a long time
luge	nf	sledge

Mm

maillot	nm	vest
maintenant	adv	now
mal	adv	badly
malheureusement	adv	unfortunately
malvoyant(e)	adj	partially sighted
marche	nf	step
marcher	vb	to walk
marquer	vb	to mark, to score
marron	nm	chestnut
match de sélection	nm	tryout
matériel scolaire	nm	school equipment
méchant(e)	adj	nasty
mélanger	vb	to mix
même	adj	same

mer	nf	sea
metteur (f metteuse) en scène	nm/f	director
mettre	vb	to put on, to wear
miel	nm	honey
mieux	adj	better
mode d'emploi	nm	directions for use
moins	adv	less
monter	vb	to go up, to come up
mosaïque	nf	mosaic
moules	nf	mussels
mousson	nf	monsoon
musculation	nf	muscle-building exercises
musulman(e)	adj	Muslim
mystérieux (f mystérieuse)	adj	mysterious

Nn

naissance	nf	birth
navire	nm	ship
nem	nm	spring roll
ni ... ni ...	conj	neither ... nor ...
Noël	nm	Christmas
noisette	nf	hazelnut
noix	nf	walnut
nombre	nm	number
normalement	adv	normally

Normandie	nf	Normandy
nouvelles	npl	news

Oo

œuvre	nf	a work (of art)
offrir	vb	to offer, to give
On y va!	excl	Let's go!
ouragan	nm	hurricane

Pp

pain	nm	bread
panier	nm	basket
parapluie	nm	umbrella
parc aquatique	nm	water park
parkour	nm	parkour
participer à	vb	to take part in
passer devant	vb	to walk past
pâte	nf	mixture (cookery)
pauvre	adj	poor
Pays basque	nm	Basque country
péché mignon	nm	weakness
pendant que	conj	while
péniche	nf	barge
permis(e)	adj	permitted
personne âgée	nf	elderly person
pierre	nf	stone
pincée	nf	pinch
pique-niquer	vb	to have a picnic
plat	nm	dish

plongée sous-marine	nf	scuba diving
plus	adv	more
plutôt	adv	rather, quite
poêle	nf	frying pan
poignets	npl	wristbands, wrists
poisson	nm	fish
pollution	nf	pollution
pompier	nm	fireman
porc	nm	pork
porte-bonheur	nm	lucky charm
porte-clés	nm	key ring
porter bonheur	vb	to be lucky
Portugal	nm	Portugal
poster	vb	to post
potable	adj	safe to drink
poulet	nm	chicken
pouvoir	vb	to be able to
premier (f première)	adj	first
prendre	vb	to take
près de	prep	near
prix	nm	price
prochain(e)	adj	next
produire	vb	to produce
progressivement	adv	progressively
Provence	nf	Provence (area of France)
puisque	conj	since

Qq

Qu'est-ce qu'il y a?	*excl*	*What's wrong?*
quelqu'un	*pron*	*someone, somebody*

Rr

ramadan	*nm*	*Ramadan*
rapidement	*adv*	*quickly, fast*
ravi(e)	*adj*	*delighted*
réalisateur (f réalisatrice)	*nm/f*	*film director*
réaliser	*vb*	*to carry out*
réaliste	*adj*	*realistic*
récemment	*adv*	*recently*
recette	*nf*	*recipe*
récré(ation)	*nf*	*break*
réfléchir	*vb*	*to reflect*
règle	*nf*	*ruler*
remplaçant(e)	*nm/f*	*replacement, substitute*
rendre visite à	*vb*	*to visit (a person)*
rentrée	*nf*	*back-to-school*
reposant(e)	*adj*	*relaxing*
ressembler à	*vb*	*to resemble*
rester en contact	*vb*	*to stay in touch*
retourner	*vb*	*to turn, to go back*
retrouver	*vb*	*to see again*
réveil	*nm*	*waking up*
rez-de-chaussée	*nm*	*ground floor*
ridicule	*adj*	*ridiculous*

rigoler	*vb*	*to laugh, to have fun*
risque	*nm*	*risk*
roman	*nm*	*novel*
rôti	*nm*	*roast*
Royaume-Uni	*nm*	*United Kingdom*
ruban	*nm*	*ribbon*
rural(e)	*adj*	*rural*

Ss

s'amuser	*vb*	*to play*
s'éloigner de...	*vb*	*to move away from...*
s'énerver	*vb*	*to get cross*
s'entendre	*vb*	*to get on*
sainement	*adv*	*healthily*
salade	*nf*	*salad*
sale	*adj*	*dirty*
salle de classe	*nf*	*classroom*
salle des profs	*nf*	*staffroom*
santé	*nf*	*health*
sauter	*vb*	*to jump*
sauvegarder	*vb*	*to save (computing)*
sauver	*vb*	*to save*
savoir	*vb*	*to know*
sculpture	*nf*	*sculpture*
se blesser	*vb*	*to hurt yourself*
se fâcher	*vb*	*to get angry*
se marier	*vb*	*to marry*
se perdre	*vb*	*to get lost*

se préparer	vb	to get ready
se rappeler	vb	to remember
se souvenir	vb	to remember
se trouver	vb	to be situated
secours	nm	help
secousse	nf	shock
séisme	nm	earthquake
sel	nm	salt
sérieux (f sérieuse)	adj	serious
seulement	adv	only
si	conj	if
sinistre	adj	sinister, spooky
sirop d'érable	nm	maple syrup
slideshow	nm	slideshow
sombre	adj	dark
sondage	nm	survey
soudanais(e)	adj	Sudanese
soupe	nf	soup
spectateur	nm/f	spectator
star	nm/f	star
sucre	nm	sugar
sucré(e)	adj	sweet
Suisse	nf	Swiss
suivre	vb	to follow
sur	prep	on
sûr(e)	adj	sure, certain
survivre	vb	to survive
synopsis	nm	synopsis

Tt

tapis de souris	nm	mouse mat
tapis rouge	nm	red carpet
tarte	nf	tart
tasse	nf	cup
technologie	nf	technology
télécharger	vb	to download
terrain	nm	ground
texto	nm	text message
thé	nm	tea
thon	nm	tuna
Tiens!	excl	Here you go!
toilettes	npl	toilets
tomber amoureux (–euse)	vb	to fall in love
tourner un film	vb	to make a film
tournoi	nm	tournament
tous les matins	adv	every morning
tout le monde	pron	everybody
tout le temps	adv	all the time
travailler	vb	to work
traverser	vb	to cross
tremblement de terre	nm	earthquake
troisième	adj	third
tsunami	nm	tsunami
Tu as raison!	excl	You're right!
Tu rigoles!	excl	You're joking!
tuer	vb	to kill

typhon	nm	typhoon
typique	adj	typical

Uu

urbain(e)	adj	urban
utiliser	vb	to use

Vv

vague	nf	wave
vanille	nf	vanilla
varié(e)	adj	varied
végétarien(ne)	adj	vegetarian
vélo-rail	nm	rail-biking
ventre	nm	stomach, belly
viande	nf	meat

vie privée	nf	private life
vif (f vive)	adj	bright (of a colour)
voir	vb	to see
voiture	nf	car
volley	nm	volleyball
voter	vb	to vote
vouloir	vb	to want
voyage de classe	nm	school trip
vraiment	adv	really

Yy

yaourt	nm	yoghurt

Zz

zone humide	nf	wetland

Classroom instructions

Dans le livre...	In the book...
Écoute.	Listen.
Écoute encore.	Listen again.
Écris.	Write.
Lis.	Read.
Relis.	Reread.
Parle.	Speak.
Répète.	Repeat.
Complète les phrases.	Complete the sentences.
Corrige les phrases.	Correct the sentences.
Fais un sondage.	Do a survey.
Fais une liste.	Make a list.
Regarde les images.	Look at the pictures.
Remplis les blancs.	Fill the gaps.
Réponds à la question.	Answer the question.
Traduis en anglais.	Translate into English.
Traduis en français.	Translate into French.
Vérifie tes réponses.	Check your answers.
Vrai ou faux?	True or false?
Que...?	What...?
Qui...?	Who...?

En classe...	In class...
En groupes...	In groups...
À deux...	In pairs...
À trois...	In threes...
Prenez une feuille de papier.	Take out a sheet of paper.
Ouvrez le livre.	Open the book.
Fermez le livre.	Close the book.
Asseyez-vous!	Sit down!
Levez-vous!	Stand up!
Silence!	Silence!
Rangez vos affaires!	Tidy up your things!
J'ai fini!	I've finished!
Je ne comprends pas!	I don't understand!
Voilà!	There you go!
Merci	Thank you
S'il vous plaît	Please
Oui Mademoiselle ...	Yes, Miss ...
Bonjour Madame ...	Hello Mrs ...
Au revoir Monsieur ...	Goodbye Mr ...